Narcissus Magnificus

Narzissmus für Dummies

Teil: 4

Hariette Herrmas

Impressum:

Hariette Herrmas
34132 Kassel

harietteh@freenet.de

Nichts ist so hart, so trocken, so eng, als ein Herz, das in
allen Dingen nur sich liebt.

Friedrich Jacobs, deutscher Philologe, 1764-1847

Inhalt

Vorwort

Meine lieben Leserinnen, willkommen zu Teil 4 von „Narzissmus für Dummies" – dem Teil, in dem wir die letzten Buchstaben des Alphabets erforschen und dabei tiefer in die finsteren, aber faszinierenden Ecken der narzisstischen Psyche vordringen. Wenn wir dachten, dass die bisherigen Kapitel bereits eine Achterbahnfahrt der Gefühle waren, dann schnallen wir uns an, denn jetzt wird's richtig interessant. Wir reden über die Red Flags, Trauma-Bonding, Selbstviktimisierung, narzisstische Verhaltensweisen und Taktiken, Sexualität und den unaufhörlichen toxischen Kreislauf. Also, los geht's!

Schauen wir beispielsweise das „T" wie das Trauma-Bonding, das emotionale Stockholm-Syndrom des Narzissmus an und stellen uns vor, wir sind in der emotionalen Achterbahn gefangen, die niemals stoppt. Narcissus Magnificus ist der verrückte Achterbahnführer, der die Geschwindigkeit immer weiter hochschraubt, während wir uns gleichzeitig verzweifelt festhalten und hoffen, dass der Sicherheitsbügel hält. Willkommen in der Welt des Trauma-Bondings, wo wir nicht nur die schlechten, sondern auch die gelegentlichen guten Zeiten festhalten – weil diese winzigen Glücksmomente uns Hoffnung geben, dass alles besser wird. Spoiler: Das wird es nicht.

Als nächstes hätten wir „S" wie Selbstviktimisierung. Narcissus Magnificus ist ein wahrer Meister darin, sich selbst als das absolute Opfer darzustellen – selbst, wenn er gerade den größten Mist gebaut hat. „Oh, wie kann die Welt nur so grausam zu mir sein?" fragt er sich, während er sich gleichzeitig in einer Wolke aus Drama und Selbstmitleid suhlt. Man könnte meinen, er habe sich bei einer preisgekrönten Telenovela-Schule eingeschrieben, um diese Kunst zu perfektionieren. Er schafft es, jede Situation so zu drehen, dass er das bemitleidenswerte Opfer ist – und wir sind die unschuldigen Zuschauer, die plötzlich in das Drama hineingezogen werden.

Wenn wir zu „V" wie Verhaltensweisen und Taktiken kommen, sollten wir uns vorstellen, dass Narcissus Magnificus das Drehbuch zu einem nie endenden Theaterstück geschrieben hat. Er spielt die Hauptrolle, Regisseur und Drehbuchautor in einem. Ob Gaslighting, Love Bombing oder das berühmte „Silent Treatment" – seine Taktiken sind so ausgeklügelt, dass sie selbst Shakespeare neidisch machen würden. Er weiß genau, welche Knöpfe er bei uns drücken muss, um die gewünschte Reaktion zu bekommen, und er spielt dieses Spiel mit einer Präzision, die wir entweder bewundern oder fürchten können. Meistens beides.

Sexualität, das verführerische Minenfeld, steht ebenfalls auf unserer Agenda, und hier verwandelt sich Narcissus Magnificus in einen wahren Verführungskünstler. Hier verkörpert er den Casanova des Chaos, der in der Lage ist, mit einem einzigen Blick oder einer Berührung eine Lawine von Emotionen in uns auszulösen. Doch Vorsicht, hinter der verführerischen Fassade lauert ein Minenfeld, denn Narcissus Magnificus nutzt Sexualität als Werkzeug zur Manipulation, um uns zu binden und zu kontrollieren. Was anfangs wie eine leidenschaftliche Romanze erscheint, wird schnell zu einem Machtspiel, bei dem wir uns fragen, wie wir jemals so tief hineingeraten konnten.

Dieser Teil von „Narzissmus für Dummies" ist wie der ultimative Survival-Guide für alle, die in den emotionalen Sog eines Narzissten geraten sind. Mit Humor und einem zwinkernden Auge schauen wir uns die tiefgründigen und oft erschreckenden Aspekte des narzisstischen Verhaltens an – von Trauma-Bonding über Selbstviktimisierung bis hin zu den manipulativen Taktiken und der toxischen Dynamik, die damit einhergeht.

Machen wir uns bereit für eine Reise durch das schillernde Chaos, das Narcissus Magnificus hinterlässt. Und vergessen wir nicht, dabei zu lachen – denn manchmal ist Lachen das einzige Mittel, um inmitten des Wahnsinns den Verstand zu bewahren.

Bereit für den letzten Vorhang? Dann lasst uns loslegen!

Mit kämpferischen Grüßen,
Eure Ratgeberin in Sachen Narzissmus

Red Flags

*"Wenn du jemanden durch eine rosarote Brille betrachtest,
sehen alle roten Fahnen einfach wie Flaggen aus." - Wanda
Pierce in Bojack Horseman*

Willkommen, liebe Leserinnen! Heute tauchen wir ein in das
spannende und oft haarsträubende Thema der Red Flags in
einer Beziehung mit Narcissus Magnificus.

Red Flags sind Anzeichen dafür, dass uns mit unserem Date
keine rosige Zukunft als Paar bevorsteht. Red Flag, zu
Deutsch „Rote Flagge", ist ein umgangssprachlicher Begriff,
der für Anzeichen von Gefahr steht. Eine rote Flagge wird zum
Beispiel als Warnung beim Militär oder bei einem Badeverbot
am Strand gehisst. Hier erfahren wir, welche Red Flags wir
nicht ignorieren sollten! Red Flags können zur Manipulation

genutzt werden und stellen auf der anderen Seite ebenso
Abwehrmechanismen dar, mit denen Narcissus Magnificus
seine Grandiosität schützt.

In einer Beziehung mit Narcissus Magnificus tauchen diese
spezifischen Warnsignale garantiert auf, die letztendlich auf
die toxischen Verhaltensweisen hinweisen. Hier sind einige
der klassischen Red Flags, auf die wir unbedingt achten
sollten.

Extreme Eifersucht: Narcissus Magnificus neigt dazu,
übermäßig eifersüchtig zu sein. Er will ständig wissen, wo wir
sind, mit wem wir unsere Zeit verbringen und was wir tun.
Diese Eifersucht führt dazu, dass wir uns ständig beobachtet
und kontrolliert fühlen.

Isolation: Ein weiteres Warnsignal ist der Versuch, uns von
unserem sozialen Umfeld zu isolieren. Narcissus Magnificus
wird versuchen, uns von Freunden und Familie zu entfremden,
indem er negative Dinge über sie sagt oder uns davon
überzeugt, dass sie uns nicht guttun.

Übermäßige Kritik: Narcissus Magnificus wird extrem kritisch
sein, egal was wir tun. Nichts scheint gut genug zu sein, und
er findet ständig Fehler an uns. Diese Kritik wird unser
Selbstwertgefühl erheblich beeinträchtigen.

Fehlende Empathie: Ein deutliches Anzeichen ist seine
mangelnde Empathie. Narcissus Magnificus zeigt wenig bis
gar kein Verständnis für unsere Gefühle und Bedürfnisse. Er
wird unsere Emotionen ganz schnell abwerten oder ignorieren.

Gaslighting: Gaslighting ist eine Form der Manipulation, bei der Narcissus Magnificus uns dazu bringt, an unserer eigenen Wahrnehmung der Realität zu zweifeln. Er wird Dinge leugnen, die er gesagt oder getan hat, und uns als verrückt darstellen, wenn wir darauf bestehen.

Übertriebene Selbstbezogenheit: Narcissus Magnificus neigt dazu, Gespräche immer auf sich zu lenken. Egal, worüber gesprochen wird, er findet einen Weg, das Thema auf sich selbst zu beziehen. Unsere Erlebnisse und Gefühle werden als weniger wichtig dargestellt.

Unzuverlässigkeit: Narcissus Magnificus ist unzuverlässig und hält seine Versprechen nicht ein. Ob es sich um kleine Dinge oder größere Verpflichtungen handelt, auf Narcissus Magnificus ist kein Verlass.

Manipulative Entschuldigungen: Wenn Narcissus Magnificus sich entschuldigt, sind seine Entschuldigungen nicht aufrichtig. Stattdessen nutzt er sie, um uns weiter zu manipulieren und Schuldgefühle zu erzeugen. Ein Beispiel wäre: „Es tut mir leid, dass du das so empfindest.".

Dominanz und Kontrolle: Er zeigt eine starke Neigung zur Dominanz und Kontrolle. Narcissus Magnificus möchte alle Entscheidungen in der Beziehung treffen und gibt uns wenig Raum für eigene Meinungen oder Bedürfnisse.

Wechselnde Zuneigung: Seine Zuneigung ist sehr wechselhaft. In einem Moment überschüttet er uns mit Liebe und im nächsten ignoriert er uns völlig. Diese unvorhersehbare Zuneigung kann sehr verwirrend und belastend sein.

Hier sind einige reale Beispiele, wie diese Red Flags in einer Beziehung mit Narcissus Magnificus aussehen können:

1. Extreme Eifersucht: „Warum hat dieser Typ dein Foto geliked? Bist du an ihm interessiert?".
2. Isolation: „Deine Freundin ist so negativ. Sie beeinflusst dich schlecht. Du solltest weniger Zeit mit ihr verbringen.".
3. Übermäßige Kritik: „Das Abendessen war okay, aber warum hast du nicht mein Lieblingsgericht gemacht?".
4. Fehlende Empathie: „Du übertreibst wieder. So schlimm war das doch nicht.".
5. Gaslighting: „Ich habe nie gesagt, dass ich dich nicht liebe. Du musst das geträumt haben.".
6. Übertriebene Selbstbezogenheit: „Das ist interessant, aber weißt du, was mir heute passiert ist? Das ist viel spannender.".
7. Unzuverlässigkeit: „Ich weiß, ich habe versprochen, heute Abend mit dir auszugehen, aber ich habe es vergessen. Lass uns das ein anderes Mal machen.".
8. Manipulative Entschuldigungen: „Es tut mir leid, dass du dich verletzt fühlst, aber ich hatte keine andere Wahl.".
9. Dominanz und Kontrolle: „Warum fragst du mich nicht vorher, bevor du Pläne machst? Ich sollte doch wissen, was du vorhast.".
10. Wechselnde Zuneigung: „Ich liebe dich so sehr" und am nächsten Tag: „Ich brauche etwas Abstand.".

Weitere Red Flags sind:

Benching

Beim Benching werden wir aufs Abstellgleis gesetzt. Narcissus Magnificus "parkt" uns dort, bis er wieder Interesse an uns hat. Deutlich häufiger kommt die Red Flag Benching ab Phase 2 einer toxischen Beziehung vor. Nicht selten werden wir geparkt, während Narcissus Magnificus 1in der Zwischenzeit anderen Frauen Avancen macht.

Stellen wir uns mal vor, meine lieben Leserinnen, wir wären ein Fußballteam. Anfangs sind wir die Starspieler auf dem Feld der Liebe, die Tore schießen und das Publikum begeistern. Doch plötzlich landen wir auf der Ersatzbank. Warum? Vielleicht hat der Trainer, in diesem Fall unser Date, beschlossen, dass er noch andere Spieler testen möchte. Man weiß ja nie, ob der neue Spieler aus der Regionalliga nicht doch ein Messi im Verborgenen ist.

Also sitzen wir plötzlich auf der Ersatzbank und warten darauf, dass wir wieder eingewechselt werden. Der Trainer kommt gelegentlich vorbei, klopft uns auf die Schulter und sagt: "Bleib warm, du könntest jeden Moment gebraucht werden.". Aber anstatt uns wirklich einzusetzen, wirft er uns nur ab und zu einen Sympathiebrocken zu und flüstert: "Bald bist du wieder dran, versprochen.".

Warum bleiben wir auf der Ersatzbank? Nun, vielleicht, weil wir hoffen, dass der Trainer endlich merkt, dass wir das beste Spiel des Jahrhunderts liefern könnten, wenn er uns nur eine Chance gäbe. Oder vielleicht, weil wir nicht glauben können, dass wir tatsächlich nur die Backup-Lösung sind. Vielleicht sind wir einfach zu nett, um das Spielfeld zu verlassen und uns einem neuen Team anzuschließen.

Und während wir dasitzen und uns ab und zu die Beine vertreten, damit wir nicht einrosten, sehen wir, wie der Trainer seine Aufmerksamkeit auf das neue, glänzende Talent richtet. Aber keine Sorge, irgendwann wird er feststellen, dass dieses Talent auch nur mit Wasser kocht. Und dann, ja dann sind wir bereit, unser Comeback zu feiern und das Spielfeld mit unserem besten Spiel zu erobern.

Oder wir schnappen uns einfach die Wasserflasche, stehen auf und sagen: "Weißt du was, Trainer? Ich habe genug auf der Ersatzbank gesessen. Ich wechsle das Team und finde jemanden, der mein volles Potenzial zu schätzen weiß." Denn manchmal muss man einfach den Mut haben, die Ersatzbank hinter sich zu lassen und sich selbst auf das Spielfeld des Lebens zu katapultieren.

Narcissus Magnificus liebt das Dreieck. Es gestattet ihm, unverbindlich zu bleiben und sich seiner Bindungsangst nicht stellen zu müssen. Sind wir die Geliebte eines Narzissten, wissen wir unter Umständen gar nicht, dass wir in Wahrheit die "andere" Frau sind.

Fazit

Narcissus Magnificus übt durch Benching Macht aus. Er suggeriert uns auf diese Weise, dass er nicht auf uns angewiesen ist. Er zeigt uns damit, dass wir für ihn nur eine Option unter vielen sind. Sind wir dafür empfänglich, kann das starke Verlustängste triggern und wir strengen uns noch mehr an, um ihm zu beweisen, dass wir die perfekte Frau für ihn sind. Durch Benching regelt Narcissus Magnificus auch das Nähe-Distanz-Verhältnis in der Beziehung. Wird es ihm zu eng, werden wir einfach geparkt und erst dann von der Reservebank geholt, wenn sich Narcissus Magnificus wieder mehr Nähe wünscht.

Discard

Bei der Red Flag Discard werden wir entsorgt, wie ein alter Wischlappen. Das geht weit über das bloße Beenden einer Beziehung hinaus. Danach werden wir manchmal entwertet oder mit einer Schmutzkampagne überzogen. In den meisten Fällen folgt aber das Ghosting, Narcissus Magnificus verschwindet spurlos und ist nicht mehr erreichbar.

Stellen wir uns vor, Narcissus Magnificus wäre ein prachtvoller Garten, der voller exotischer Blumen ist. Anfangs sind wir begeistert von der schillernden Pracht und fühlen uns wie die Königinnen dieses zauberhaften Paradieses. Doch plötzlich merkt unser Narcissus Magnificus, dass unsere Blütenpracht nicht mehr ganz so leuchtend ist wie die der neuen exotischen Pflanze, die er gerade entdeckt hat. Was tut er? Er reißt uns raus, als wären wir ein altes Unkraut, das seinen perfekten Garten verunstaltet. Dabei hatten wir doch Wurzeln geschlagen, uns tief in den Boden seiner vermeintlichen Zuneigung gegraben und gehofft, dort eine dauerhafte Heimat zu finden. Doch plötzlich landen wir im Abfall, entwurzelt und bloßgestellt, während er sich schon nach dem nächsten vermeintlichen Blumenwunder umsieht, das seinen Garten schmücken soll.

Narcissus Magnificus entsorgt uns mit der Kaltblütigkeit eines Kühlschrankes im tiefsten Winter. Ein kurzer, schneidender Blick, ein paar knackige Worte – und wir sind raus. Kein sanftes „Es liegt nicht an dir, sondern an mir", sondern eher ein „Danke, dass du mitgespielt hast, aber ich habe jetzt ein besseres Spielzeug gefunden." Diese Herzenskälte lässt uns schaudern, als hätte uns jemand ohne Vorwarnung in ein eiskaltes Schwimmbecken geworfen.

Und wie fühlen wir uns? Verwirrt, verletzt und zurückgelassen wie ein Socken in der Waschmaschine, der seinen Partner nie wieder sieht. Wir fragen uns, was wir falsch gemacht haben, und warum wir plötzlich nicht mehr gut genug sind. Dabei haben wir doch so viel gegeben, so viel investiert – und jetzt werden wir einfach weggeworfen?

Warum ist es so unglaublich schwer, sich von Narcissus Magnificus zu trennen? Ganz einfach: Er hat uns mit seiner blendenden Selbstverliebtheit eingewickelt wie eine Spinne ihre Beute. Anfangs hat er uns das Gefühl gegeben, wir wären die einzige Blume in seinem Garten. Seine Aufmerksamkeit war wie Sonnenlicht, das uns zum Erblühen brachte. Doch wie eine Spinne saugt er uns dann langsam aus, bis wir leer und kraftlos zurückbleiben.

Und dann kommt die Hoffnung ins Spiel. Wir glauben, dass er sich ändern könnte, dass wir wieder seine Aufmerksamkeit erlangen könnten, wenn wir nur noch ein bisschen mehr geben, ein bisschen besser wären. Das ist die Falle: Wir hoffen, dass Narcissus Magnificus uns wieder zurück in seinen Garten holt. Doch die Wahrheit ist, dass Narzissen selten ihre Blumen wechseln – sie suchen ständig nach neuen, strahlenderen Blüten oder greifen in Durststrecken kurzzeitig

auf uns zurück, wie ein Gärtner, der nur dann zu den alten
Blumen zurückkehrt, wenn die neuen Samen noch nicht
aufgegangen sind. Wir sind die vertrauten Rosen, die im
Schatten der exotischen Orchideen verblassen, immer bereit,
aber selten wirklich geschätzt.

Fazit

Letztendlich müssen wir erkennen, dass wir keine alten
Putzlappen sind, sondern prächtige Blumen, die es verdienen,
in einem Garten zu blühen, wo wir geschätzt und geliebt
werden. Es ist schwer, sich von Narcissus Magnificus zu
trennen, weil er uns so meisterhaft manipuliert hat. Aber wenn
wir den Mut finden, uns selbst an erster Stelle zu setzen,
können wir unser eigenes blühendes Paradies erschaffen –
eines, in dem wir selbst die Gärtnerinnen sind.

Double Bind

Bei der Red Flag Double-Bind Kommunikation werden uns
zwei sich widersprechende Botschaften gleichzeitig vermittelt.
Wir wissen dann nicht, auf welche wir reagieren sollen.
Geschieht dies öfter, kann es passieren, dass wir unserer
eigenen Wahrnehmung nicht mehr trauen.

Ein klassischer Double-Bind ist die Situation, wenn wir
unseren Partner fragen, ob alles in Ordnung sei und dieser
uns in weinerlichen Tonfall antwortet, dass natürlich alles in
Ordnung sei. Die Worte sagen hier genau das Gegenteil der
nonverbalen Kommunikation. Worte, Gestik, Mimik und
Tonalität sind nicht im Einklang. Wir wissen dann oft nicht, auf
welche Botschaft wir reagieren sollen.

Es gibt einen alten Witz, der eine Double-Bind-Kommunikation gut veranschaulicht. Darin schenkt eine Frau ihrem Mann zum Geburtstag zwei Krawatten. Die gefallen ihm beide so gut, dass er eine davon gleich am nächsten Tag zur Arbeit anzieht. Darauf seine Frau: *"Die andere hat dir wohl nicht gefallen?"* Auch wenn das natürlich ein harmloses Beispiel ist, können Double-Binds viel Schaden anrichten. Vor allem, wenn sie absichtlich und regelmäßig eingesetzt werden, um uns zu verwirren und an uns selbst zweifeln zu lassen. Wer dieser Form der Kommunikation zu lange ausgesetzt ist, wird unweigerlich, garantiert krank. Abschließend möchte ich uns an Herz legen, denken wir immer daran: Wenn wir das nächste Mal vor einer Double Bind-Situation stehen, bei der es scheint, als hätten wir nur die Wahl zwischen Pest und Cholera, dann denken wir an den weisen Spruch eines alten Yogi-Meisters:

> *'Wenn dich jemand fragt, ob du lieber in die linke oder die rechte Bärenfalle treten willst, wähle den dritten Weg – springe elegant über beide hinweg und bestelle dir eine Pizza.'*

Diese humorvolle Weisheit verdeutlicht die Natur und die Lösung von Double Bind-Situationen auf folgende Weise:

Eine Double Bind-Situation ist dadurch gekennzeichnet, dass man zwischen zwei gleichermaßen unangenehmen oder nachteiligen Optionen wählen muss, ähnlich wie die Wahl zwischen zwei Bärenfallen. Die Weisheit schlägt vor, dass man sich nicht auf die vorgegebenen Wahlmöglichkeiten beschränken sollte, sondern kreativ nach einer dritten Möglichkeit suchen sollte, die außerhalb des vorgegebenen

Rahmens liegt – in diesem Fall das "Springen über die Fallen hinweg" und das Bestellen einer Pizza.

Das bedeutet in Bezug auf Double Bind-Situationen:

1. Erkennen der Manipulation: Seien wir uns bewusst, dass die angebotenen Optionen möglicherweise beide schlecht sind und darauf abzielen, uns in eine unangenehme Lage zu bringen.
2. Denke außerhalb des Rahmens: Suchen wir nach alternativen Lösungen oder Wegen, die nicht offensichtlich sind und uns aus der Zwickmühle befreien.
3. Handle kreativ und entschlossen: Lassen wir uns nicht von den vorgegebenen Optionen einschränken. Seien wir bereit, unkonventionelle Lösungen zu finden, die unseren eigenen Interessen dienen.

Insgesamt ermutigt die Weisheit dazu, in Double-Bind-Situationen nicht einfach die scheinbar unausweichlichen Optionen zu akzeptieren, sondern mutig und kreativ nach einem besseren Ausweg zu suchen.

Fazit

Zusammengefasst lehrt uns eine Double-Bind-Situation, wachsam zu sein, kreativ und selbstbestimmt zu handeln und klare Grenzen zu setzen, um nicht in manipulative Fallen zu geraten.

Eggshell-Walking

Willkommen, meine lieben Leserinnen, zu einem tiefgründigen
Einblick in die faszinierende Welt des Eggshell-Walking – des
kunstvollen Laufens auf Eierschalen. Hier wollen wir erkunden,
warum Narcissus Magnificus nicht nur uns Frauen von sich
abhängig macht, sondern uns dazu bringt, auf Eierschalen
durch die Gegend zu schleichen.

"Eggshell-Walking" oder "Walking on eggshells" bedeutet, dass
wir sehr vorsichtig sind, um Narcissus Magnificus nicht zu
beleidigen oder zu verärgern. Wir fühlen uns, als würden wir uns
auf einem dünnen und zerbrechlichen Pfad bewegen, immer
darauf bedacht, die richtigen Worte und Taten zu wählen, um
Konflikte zu vermeiden. Diese Vorsicht erfordert ein hohes Maß
an Empathie und Rücksichtnahme, da wir ständig die
Stimmungen und Reaktionen unseres Narzissten im Auge
behalten müssen.

Ganz konkret laufen wir auf Eierschalen, weil wir das Bedürfnis
verspüren, Konflikte zu vermeiden und Harmonie zu bewahren.
Dies kann aus verschiedenen Gründen entstehen:

1. Angst vor Konflikten: Viele Frauen haben eine natürliche
    Aversion gegen Auseinandersetzungen und möchten
    Spannungen in zwischenmenschlichen Beziehungen
    vermeiden. Diese Angst kann dazu führen, dass wir sehr
    vorsichtig agieren, um unseren Narcissus Magnificus
    nicht zu verärgern.
2. Soziale Erwartungen: Gesellschaftliche Normen und
    Erwartungen, insbesondere in bestimmten sozialen oder
    beruflichen Kontexten, verlangen häufig ein
    diplomatisches und rücksichtsvolles Verhalten. Wir

Frauen sind zum Beispiel oft dazu erzogen, nett und einfühlsam zu sein, was den Druck erhöht, stets umgänglich zu erscheinen.

3. Machtungleichgewichte: In Beziehung mit unserem Narzissten, in der es ein Machtgefälle gibt, laufen wir auf Eierschalen, um Narcissus Magnificus, der über uns steht, nicht zu verärgern. Grund dafür sind Angst vor negativen Konsequenzen wie Kritik, Silent Treatment oder sogar dem Verlust unseres Narzissten.

4. Emotionale Rücksichtnahme: Da wir uns um das emotionale Wohlbefinden unseres Narcissus Magnificus sorgen, bemühen wir uns durch vorsichtiges Verhalten, also durch Eggshell-Walking, seine Gefühle zu schonen und ihn nicht unnötig zu verärgern.

5. Selbstschutz: Auch laufen wir wie auf Eierschalen, um uns selbst zu schützen. Indem wir vorsichtig agieren, versuchen wir, negative Reaktionen unseres Narzissten und die damit verbundenen emotionalen Belastungen zu vermeiden.

Dieses Verhalten ist jedoch auf Dauer ungesund, da es zu ständiger Anspannung und dem Gefühl führt, nicht authentisch sein zu dürfen. Es ist wichtig, ein Gleichgewicht zu finden zwischen Rücksichtnahme und der Fähigkeit, ehrlich und offen zu agieren.

Fazit

Dieses Gefühl, auf Eierschalen zu laufen, versetzt uns in den vollen Kampf-oder-Flucht-Modus. Der Stress und die Angst, etwas falsch zu machen, zerreißen unsere Nerven und hemmt uns in unserer Selbstentfaltung und Authentizität, da wir ständig darauf bedacht sind, keine negativen Reaktionen hervorzurufen.

Insgesamt wird das "Walking on eggshells" langfristig zu Erschöpfung und Frustration führen, da wir uns immer im Spannungsfeld zwischen Anpassung und Selbstbehauptung befinden.

Emotionale Erpressung

Emotionale Erpressung ist eine schwere Form von Manipulation, die über Schuldgefühle, induzierte Angst und Verführung funktioniert. Dabei wird uns unter anderem suggeriert, dass wir für die Gefühle unseres Narcissus Magnificus verantwortlich wären. Emotionale Erpressung ist eine deutliche Red Flag in einer toxischen Beziehung, indem Narcissus Magnificus versucht, unsere Gefühle so zu beeinflussen, dass wir tun, was er von uns erwartet.

Narcissus Magnificus hat einige hinterhältige Tricks auf Lager, um sicherzustellen, dass er sich niemals schlecht fühlen muss. Diese Techniken sind so gemein, dass man fast meinen könnte, er hätte sie in einem Handbuch für emotionale Manipulation nachgelesen.

Werfen wir einen Blick auf die fiesesten Methoden, die Narcissus Magnificus einsetzt, um uns dazu zu bringen, unser Verhalten zu ändern und uns seinen Launen anzupassen:

Das Schuldgefühl-Karussell: Immer wieder bringt er uns dazu, uns für seine Probleme verantwortlich zu fühlen. Hat er einen schlechten Tag? Natürlich liegt es an uns! Warum sonst würde er uns Vorwürfe machen und uns an unsere „Fehler" erinnern? Schließlich ist Narcissus Magnificus völlig unschuldig – zumindest in seiner eigenen Welt.

Die Tränen-Bahn: Mit beeindruckender Schauspielkunst kann er Tränen herbeizaubern, die uns das Herz brechen. Er lässt uns glauben, dass wir seine Gefühle verletzt haben, und plötzlich sind wir es, die sich entschuldigen und alles tun, um ihn wieder glücklich zu machen. Ein wahrhaft meisterhafter Zug, dem selbst ein Oskar nicht gerecht werden könnte.

Das Schweigen-Duell: Nichts ist beängstigender als das plötzliche, eisige Schweigen, das über die Fahrt hereinbricht. Wir fragen uns, was wir falsch gemacht haben, und tun alles, um das Schweigen zu brechen und seine Gunst zurückzugewinnen. Dabei merkt er sich genau, wie effektiv dieses Werkzeug der emotionalen Erpressung ist.

Die Opferrolle-Achterbahn: Narcissus Magnificus stellt sich als das ewige Opfer dar. Er ist immer derjenige, der verletzt, missverstanden und schlecht behandelt wird. Diese Selbstinszenierung zwingt uns, ihm mehr Aufmerksamkeit und Zuwendung zu schenken, während wir unsere eigenen Bedürfnisse in den Hintergrund stellen.

Die Ultimatum-Schleuder: Narcissus Magnificus setzt uns unter Druck mit ultimativen Forderungen: „Wenn du mich wirklich liebst, dann…" oder „Entweder du tust das, oder ich…". Diese Erpressung bringt uns dazu, Dinge zu tun, die wir eigentlich nicht wollen, nur um die Beziehung zu retten.

Das Liebe-Hass-Rätsel: Einmal überschüttet er uns mit Liebe und Aufmerksamkeit, um im nächsten Moment kaltherzig und abweisend zu sein. Diese extreme Unberechenbarkeit sorgt dafür, dass wir ständig auf der Hut sind und alles tun, um seine Zuneigung wieder zu gewinnen.

Fazit

Meine lieben Mitfahrerinnen, emotionale Erpressung ist kein Kavaliersdelikt, sondern eine hinterhältige Strategie, die uns in einer Spirale der Selbstzweifel und Unsicherheit gefangen hält. Lassen wir uns nicht täuschen – hinter dem charmanten Lächeln von Narcissus Magnificus verbirgt sich eine manipulative Absicht, die uns emotional auslaugt. Der Weg aus dieser finsteren Achterbahnfahrt ist klar: Erkennen wir die Manipulation, setzen klare Grenzen und lassen uns nicht länger emotional erpressen. Denken wir daran, dass wir das Recht haben, glücklich zu sein und uns nicht ständig den Launen eines narzisstischen Manipulators anzupassen.

Entwertung

Willkommen, meine lieben Leserinnen, zu einem weiteren Kapitel in der schillernden Welt des Narcissus Magnificus! Heute werfen wir einen genaueren Blick auf eines seiner Lieblingstools – die Entwertung. Dr. Reinhard Haller, der österreichische Psychiater und Meister der menschlichen Psyche, nennt dies eines der „5-Es" der Narzisstischen Persönlichkeitsstörung. Tauchen wir in die Mechanismen der Entwertung und behalten dabei ein wenig Humor, um die Schwere der Sache zu verarbeiten.

Stellen wir uns vor, Narcissus Magnificus besitzt einen magischen Spiegel. Dieser Spiegel hat jedoch einen schrecklichen Fehler: Er zeigt nicht die Realität, sondern nur das, was Narcissus Magnificus sehen möchte. Wenn wir ihm also zu nahekommen oder – Gott bewahre – ihm Konkurrenz machen, fängt der Spiegel plötzlich an, uns in einem schlechten Licht darzustellen. Dieser Zaubertrick nennt sich

Entwertung. Schauen wir uns nun an, wie die Entwertung funktioniert:

Der plötzliche Abstieg in die Mittelmäßigkeit: In der Anfangsphase der Beziehung waren wir der Stern am Himmel von Narcissus Magnificus. Doch eines Tages, ohne Vorwarnung, fällt der Stern. Nun sind wir nicht mehr das großartige Wesen, sondern nur noch eine „Enttäuschung" – und das ohne jede Erklärung. Er hat sich entschieden, dass wir unseren Glanz verloren haben, und behandelt uns dementsprechend.

Die subtile Abwertung: Narcissus Magnificus ist ein Meister der subtilen Abwertung. Ein Kommentar hier, ein Blick dort – „War das wirklich die beste Idee?" oder „Trägst du DAS wirklich?" – und schon fühlen wir uns klein und unbedeutend. Diese kleinen Nadelstiche summieren sich und nagen an unserem Selbstwertgefühl.

Die öffentliche Demontage: Dann gibt es die Zeiten, in denen er sich nicht die Mühe macht, subtil zu sein. In Gesellschaft wird plötzlich jede unserer Handlungen und Aussagen unter die Lupe genommen und kritisiert. „Oh, sie versucht immer so witzig zu sein. Ist das nicht süß?". Das Ziel ist klar: wir sollen uns vor anderen klein und unbedeutend fühlen.

Der Vergleich mit anderen: Nichts macht unseren Narcissus Magnificus mehr Spaß als der Vergleich mit anderen Frauen. „Warum kannst du nicht mehr wie XY sein?", "Wow, schau dir diese Frau mal an!". Diese Sätze sind Gift für unser Selbstbewusstsein und lassen uns ständig an uns selbst zweifeln. Er stellt uns immer neben seine imaginären Ideale, um sicherzustellen, dass wir uns nie gut genug fühlen.

Das gaslightende Genie: Entwertung geht oft Hand in Hand mit Gaslighting. Er lässt uns an unserer eigenen Wahrnehmung zweifeln: „Du bist zu empfindlich, das war doch nur ein Scherz!" oder „Du übertreibst, das habe ich nie gesagt." Plötzlich wissen wir nicht mehr, was Realität und was Manipulation ist.

Warum, fragen wir uns, sollte jemand so grausam sein? Nun, Narcissus Magnificus muss sich stets überlegen fühlen. Indem er uns entwertet, kann er seine eigene Großartigkeit betonen. Wenn wir uns schlecht fühlen, fühlt er sich besser. Es ist eine traurige, aber leider wahre Dynamik, die tief in der narzisstischen Persönlichkeit verwurzelt ist.

Wenn wir diesen Zusammenhang verstanden haben, wird der Zweck hinter vielen seiner Verhaltensweisen klarer. Um sich grandios und anderen überlegen zu fühlen, gibt es zwei mögliche Arten, das zu erreichen. Zum einen kann man sich selbst aufwerten und überhöhen. Zum anderen kann man die anderen erniedrigen und entwerten. Viele Narzissten machen beides zugleich.

Wenn wir in Gegenwart unseres Narcissus Magnificus ein Glas Milch verschütten und er darauf etwas sagt wie: "Wie dumm kann ein Mensch eigentlich sein? Du bist anscheinend sogar zu blöd, um ein Glas Milch zu trinken!" Dann ist das eine deutliche Red Flag. Entwertung kann auch viel subtiler geschehen, indem wir unablässig daran erinnert werden, was wir alles nicht können.

Narcissus Magnificus wird auch andere entwerten, die uns nahestehen und wichtig sind. Wenn es ihm gelingt, damit unsere Wahrnehmung dieser Menschen zu verändern, kann er uns von ihnen isolieren. Er bezweckt damit, uns immer weiter von Außeneinflüssen abzuschirmen, um uns immer effektiver kontrollieren und beeinflussen zu können.

Fazit

Der erste Schritt, der Entwertung zu entkommen, ist, die Entwertung zu erkennen und sie nicht persönlich zu nehmen. Es sagt mehr über Narcissus Magnificus aus als über uns. Setzen wir Grenzen und suchen wir Unterstützung bei Freunden, Familie oder einem Therapeuten. Und vor allem: Bewahren wir unseren eigenen Selbstwert. Erinnern wir uns daran, dass wir einen unzerstörbaren inneren Glanz haben, den selbst der manipulative Spiegel des Narcissus Magnificus nicht trüben kann.

Fast Forwarding

Alles ist perfekt, einfach zu perfekt und alles passiert in einer rasanten Geschwindigkeit. Diese Manipulationstaktik wird "Fast Forwarding" genannt. Als Fast Forwarding bezeichnet man das zu schnelle Voranschreiten einer toxischen Beziehung. Durch das Nähren falscher Hoffnungen, die kalte Empathie und das Future Faking, vermittelt uns Narcissus Magnificus, dass wir nun endlich den Traumpartner gefunden haben und wir füreinander bestimmt sind. Warum also warten und Zeit verlieren?

Aus diesen Gründen entwickelt sich die Beziehung nicht in einem gesunden Tempo. Sie hat keinen natürlichen Rhythmus. Es ist ein bisschen wie Dating auf Adrenalin. Alles, was ein normales Paar im Laufe eines Jahres macht, machen wir nach ein paar Dates. Wir nehmen uns nicht die Zeit,

einander wirklich kennenzulernen und über einen längeren
Zeitraum in verschiedenen Situationen zu erleben.
Stattdessen idealisieren wir einander und unsere Beziehung.
Auch Narcissus Magnificus idealisiert uns in dieser Phase.
Deshalb spricht der israelische Professor für Psychologie und
renommierte Narzissmus-Experte Sam Vaknin hier auch von
einer Co-Idealisierung beider Partner. Wir passen uns schnell
dem von Narcissus Magnificus vorgegebenen Tempo an, da
wir es satthaben, den nächsten Frosch zu küssen. Dieser
Mann ist der Mann, nach dem wir immer gesucht haben. Wir
vergessen aber, dass aus jedem Prinzen ein Frosch wurde.

Narcissus Magnificus seinerseits ist begeistert, dass er mal
wieder eine Frau gefunden hat, die sich ohne „wenn und aber"
in eine Beziehung mit ihm stürzt. Er hat sein Ziel erreicht!
Narcissus Magnificus hat aber nicht nur einen vorgefassten
Plan, wie wir ihn stützen und stabilisieren sollen, also welche
Rolle wir in seinem zukünftigen Leben einnehmen, sondern er
setzt sich auch einen bestimmten Zeitrahmen, um uns dazu zu
bringen, ihm zu vertrauen. Er maskiert dieses überstürzte
Kennenlernen gern als Wunsch, "uns nahe sein zu wollen",
weil er uns so sehr liebt.

Narcissus Magnificus richtet nun seine ganze Aufmerksamkeit
und seine gesamte Energie auf uns. Er studiert uns, um uns
besser erfolgreich täuschen zu können. Je schneller er das
schafft, desto besser. Dies dient erst einmal nur dem einen
Zweck: wir sollen unser Bauchgefühl ignorieren, damit uns
Narcissus Magnificus in seine Falle locken kann. Und deshalb
ist der Zeitrahmen sehr wichtig. Er bevorzugt einen möglichst
kurzen Zeitraum. Die drei Gründe für sein Vorgehen sind
folgende:

Die Love-Bombing-Phase ist für unseren Narzissten sehr anstrengend, weil es für ihn extrem schwer ist, für längere Zeit nur auf eine Frau fixiert zu sein, obwohl er durchaus bereit ist, etwas Zeit und Mühe zu investieren, ist es sehr schwer die permanente Täuschung, wer er wirklich ist, aufrechtzuerhalten. Wir dürfen auch nicht vergessen, dass unser Narzisst bereits weiß, was er von uns will. Er hat bereits das Endziel vor Augen und jedes Kompliment, das er uns macht, jedes Geschenk und jede freundliche Geste sollen ihm dieses Ziel näherbringen. Narcissus Magnificus gibt es nicht zum Nulltarif! Er will aber so wenig wie möglich selbst investieren, aber so viel wie möglich in kürzester Zeit zurückbekommen.

Narcissus Magnificus überstürzt die ganze Kennenlernphase, weil er nicht möchte, dass seine Maske verrutscht, bevor wir ihm emotional völlig verfallen sind. Es ist wahrlich nur eine Frage der Zeit, bis er sein giftiges, negatives Verhalten uns gegenüber zeigt. Er möchte, dass Frau in diesem Fall bereits emotional viel investiert hat und daher eher bereit ist, seine Lügen zu ertragen oder einfach beide Augen fest zu verschließen. Das perfekte Bild, das er uns anfangs von sich unterjubelt, hilft ihm, dass wir länger, als es für uns gut ist, in der Beziehung bleiben. Und da Narzissten gute Schauspieler sind, sind wir überzeugt, dass er genau der Mann ist, den er uns präsentiert. Je schneller wir uns in sein Netz aus Lug und Betrug einwickeln und verwickeln können, desto schneller hat er die Kontrolle über uns, die er sich wünscht und auch braucht.

Narcissus Magnificus muss die Dinge überstürzen, um zu vermeiden, dass jemand anderes ihm zuvorkommt. Er weigert sich, eine gute Gelegenheit zu verschenken. Dies ist jedoch auch einer der Gründe, warum er untreu ist. Denn obwohl Narcissus Magnificus schon mit uns in einer Beziehung ist, wenn etwas anderes Gutes seinen Weg kreuzt, will er auch diese Frau erobern. Er ist sehr unglücklich, jemand anderen mit der Frau zu sehen, die er haben will, also zieht er es vor, dort hineinzuschlüpfen und seine Haken auch in diese Person zu pflanzen. Und wenn jemand anderes bereits mit der Dame liiert ist, die er so gernhaben möchte, wird er sein Bestes tun, um ihn aus dieser Position zu verdrängen.

Um es noch einmal zusammenzufassen, das sind die Gründe, warum Narcissus Magnificus anfangs so motiviert ist, Beziehungen so schnell wie möglich auf die nächste Ebene zu bringen.

Fazit

Narcissus Magnificus will natürlich nur Frauen nahekommen, von denen er profitieren kann. Und deshalb hat er auch nichts dagegen, jetzt ein wenig zu investieren, in der Hoffnung, in Zukunft viel mehr zu gewinnen. Ein Narzisst tut nichts umsonst. Für jeden Gefallen, den er uns tut, erwartet er große Renditen. Und sobald er uns für sich gewonnen hat, werden die Rollen vertauscht und wir sind diejenigen, die geben, geben, geben, während er weiter nimmt und nimmt, bis nichts mehr übrig ist.

Falsche Hoffnung nähren

Falsche Hoffnungen nähren, ist eine Red Flag, die sichtbar wird, wenn Narcissus Magnificus für uns Luftschlösser baut, die genau auf unsere tiefsten Wünsche und Träume abgestimmt sind. Sie klingen zu schön, um wahr zu sein. Aber wenn etwas zu schön ist, um wahr zu sein, ist es in der Regel nicht wahr.

Die falschen Hoffnungen, die Narcissus Magnificus in uns weckt, sind wie die Karotte vor der Nase des Esels. Mit einem Stock an seinem Rücken festgebunden, baumelt sie stets unerreichbar direkt vor seiner Nase und hält ihn in Bewegung, weil er sie unbedingt erreichen möchte. Doch sie bleibt eine unerreichbare Illusion.

Durch seine kalte Empathie findet Narcissus Magnificus in kürzester Zeit alles über unsere Ängste, Wünsche, Sehnsüchte und unerfüllten Bedürfnisse heraus. Auf diesen Emotionen spielt er im Anschluss wie auf einem Klavier.

Narzissten sind auch Meister darin, durch verdeckte Andeutungen Hoffnungen im Gegenüber zu nähren, ohne jemals direkt etwas auszusprechen, auf das man sie festnageln könnte. Auf diese Weise kann sogar das Nähren falscher Hoffnung zu einer Form des Gaslighting genutzt werden. Hier haben wir es bereits mit mehr als einer Red Flag zu tun. Das Nähren falscher Hoffnungen ist typisch für die Love Bombing Phase, wo es häufig zum Motor für das Fast Forwarding wird.

Durch die Red Flag "Nähren falscher Hoffnungen" nimmt Narcissus Magnificus mit der Zeit immer mehr Raum in unseren Gedanken ein. Er malt für uns ein Bild von einer rosaroten Zukunft, die es nicht geben wird. Vor allem nicht mit ihm. Dennoch sehnen wir uns so stark danach, dass es mit der Zeit immer schwerer wird, uns davon zu lösen.

Fazit

So kurios es auch ist, aber je mehr wir an finanzieller oder
emotionaler Zuwendung in unseren Narzissten investieren
haben, desto schwieriger ist es, ihn wieder loszulassen und
uns den Verlust all dessen einzugestehen, was wir bisher
hineingesteckt haben. Somit ist das Nähren falscher
Hoffnungen nicht nur eine Red Flag, die uns tiefer in eine
toxische Beziehung hinein saugt. Sie macht es uns ebenso
schwer, die Beziehung zu beenden.

Future Faking

Future Faking ist eine Eliteform der Manipulation im
narzisstischen Bereich. Die leeren Versprechungen, die
Hoffnung und letztendlich seine finsteren Absichten halten uns
Frauen über Monate, Jahre und sogar Jahrzehnte in der
Beziehung fest. Future Faking ist eine manipulative Taktik, die
auf Nötigung, Kontrolle und Ablenkung abzielt. Narcissus
Magnificus nutzt Zukunftsfälschung, um das Leben, das wir
uns vorstellen, und die Ziele, die wir uns setzen,
nachzuahmen. Ähnlich wie bei vielen narzisstischen
Beziehungen ist die Fälschung der Zukunft Ausdruck der
Grandiosität, des Anspruchs und des Mangels an Empathie
eines Narzissten.

Lügen, Täuschung, Egoismus – Future Faking ist übrigens die
Lieblingsmanipulationstechnik unseres Narcissus Magnificus.
Beim Future Faking geht es darum, dass Narcissus Magnificus
bekommt, was er will und wann er will. Future Faking wird

durch die Hingabe unseres Narcissus Magnificus an das Spiegeln ermöglicht, den beim Spiegeln schenkt er unseren Zielen, Wünschen, Unsicherheiten, Verletzlichkeiten und allem anderen, was unsere Identität ausmacht, unglaublich viel Aufmerksamkeit, besonders während der Love-Bombing-Phase.

Durch das Spiegeln haben wir das Gefühl, eine magische Verbindung zu Narcissus Magnificus zu haben, was uns leider blind für die Warnsignale macht, die Narcissus Magnificus in den frühen Phasen der Beziehung unweigerlich an den Tag legen wird. Das Spiegeln hat eine Art Yin- und Yang-Beziehung zum Future Faking. Narzissten werden die Informationen, die sie beim Spiegeln sammeln, nutzen, um über das erforderliche Wissen zu verfügen, um uns Frauen über ihre wahren Absichten zu täuschen.

Mögliche Ursachen für Future Faking sind schlechte Beziehungserfahrungen, Angst vor der Reaktion des Partners und negative Konsequenzen sowie Verlust- oder Bindungsangst. Leider erkennen wir Frauen erst nach längerer Zeit den Schwindel, z. B. wenn langfristige Versprechen, wie Verlobung, Zusammenziehen, Kinderwunsch oder gemeinsamer Urlaub unerfüllt bleiben und immer nur Worte, statt Taten angeboten werden.

Es ist wichtig Future Faking rechtzeitig zu erkennen und Zukunftsschwindler bereits ganz am Anfang einer neuen Liebe zu entlarven. Diese Anzeichen sind Red Flags, dass wir es mit Future Faking zu tun haben:

- Die Anfangszeit ist „zu schön, um wahr zu sein". Oft betreiben die Future Faker sogenanntes Love Bombing; man wird mit Liebesbekundungen, Komplimenten, Geschenken und Aufmerksamkeit geradezu bombardiert.
- Zukunftsschwindler machen bereits nach kürzester Zeit große Versprechungen. Die Versprechungen sind oft sehr detailliert oder romantisch überzogen.
- Aussagen sind unkonkret oder an Bedingungen nach dem Wenn/Dann-Muster geknüpft: „Wenn ich erst einmal aus der Entziehung wieder zurückkomme, dann haben wir wunderbaren Sex". Auf diese Weise wird man ständig vertröstet und „bei der Stange gehalten".
- Worte und Taten fallen auch bei kleinen, alltäglichen Versprechungen immer wieder auseinander.
- Zukunftsschwindler spiegeln die Bedürfnisse ihrer Partnerinnen. Sie wollen scheinbar ganz genau dieselben Dinge.

Eine solche Beziehung hat leider Abhängigkeitspotential, weil mit ihr die Erfüllung aller Wünsche und Träume zum Greifen nah erscheint, aber nie eintritt. Je länger die Beziehung andauert, desto zermürbender ist sie für uns Frauen. Vor allem das Selbstbewusstsein leidet an dem Gefühl, nicht gut genug zu sein.

Fazit

Narcissus Magnificus verwendet Future Faking absichtlich als Balzstrategie und Verführungstechnik. Das ist besonders grausam, weil er von Anfang an weiß, dass das leuchtende Bild, das er für uns malt, völlig falsch ist. Er hat und hatte nie die Absicht, die wunderbaren Dinge, die er versprochen hat, tatsächlich mit der so angelockten Frau zu tun. Er nutzt einfach unseren Wunsch nach einer liebevollen, langfristigen Beziehung aus und sagt alles, was seiner Meinung nach die Frau hören möchte, um seine Ziele zu erreichen. Letztendlich nutzt er die Zukunftstäuschung / Zukunftsfälschung, um sich zu amüsieren bzw. die jeweilige Frau zu unterhalten, an der er im Moment interessiert ist, um Bestätigung eventuell auch Geld zu bekommen.

Flying Monkeys

Der Name der Red Flag Flying Monkeys geht auf den Film "Der Zauberer von OZ" zurück. Darin wird ein kleines Mädchen mitsamt ihrem Hund von einem Tornado in Kansas in das magische Land OZ katapultiert.

Dort angekommen begegnen die beiden einer gruseligen Horde von fliegenden Affen, die wie ferngesteuerte Marionetten die Befehle einer bösen Hexe ausführen. Flying Monkeys sind wie der verlängerte Arm und die willigen Helferlein unseres Narcissus Magnificus. Setzen wir unsere Schutzbrille auf, schnallen uns gut fest und machen uns für einen turbulenten Flug bereit!

Flying Monkeys sind Menschen, die von Narcissus Magnificus geschickt manipuliert und eingesetzt werden, um seine schmutzige Arbeit zu erledigen. Sie verbreiten seine Propaganda, verteidigen seine fragwürdigen Handlungen und greifen jeden an, der es wagt, seinen Meister zu kritisieren. Diese willfährigen Helfer tun dies oft unwissentlich, da sie vom Charme und der Manipulationsfähigkeit des Narzissten geblendet sind.

Jetzt fragen wir uns: "Wie setzt Narcissus Magnificus seine Flying Monkeys ein?". Hier die verschiedenen Charaktere der Flying Monkeys:

1. Die Propagandisten - Narcissus Magnificus liebt es, seine Flying Monkeys als Propagandisten einzusetzen. Sie erzählen allen, wie großartig und unvergleichlich er ist. „Hast du gehört, wie toll Narcissus bei der Arbeit war? Er hat die ganze Abteilung gerettet!". Diese Geschichten helfen, das Bild des unfehlbaren Helden aufrechtzuerhalten.

2. Die Abwehrtruppe - Wenn jemand es wagt, Narcissus Magnificus zu kritisieren, schicken die Flying Monkeys sofort ihre Abwehrtruppe los. „Wie kannst du nur so etwas sagen? Er ist der großzügigste Mensch, den ich kenne!". Ihre Mission: Jegliche Kritik im Keim ersticken und den Kritiker zum Schweigen bringen.

3. Die Spione - Narcissus Magnificus setzt seine Flying Monkeys auch als Spione ein, um Informationen zu sammeln. „Hey, was denkst du eigentlich über Narcissus? Er hat sich Sorgen gemacht, dass du ihn nicht magst." Diese Spione bringen Informationen zurück, die Narcissus dann gegen uns verwenden kann.

4. Die Saboteure - In extremen Fällen können Flying Monkeys als Saboteure auftreten. Wenn wir versuchen, uns von Narcissus Magnificus zu distanzieren oder seine Manipulationen zu entlarven, setzen diese fliegenden Affen alles daran, unseren Ruf zu zerstören oder unsere Pläne zu vereiteln. „Hast du gehört, dass

XY total unzuverlässig ist? Kein Wunder, dass Narcissus so genervt von ihr ist.".

5. Die emotionalen Verstärker - Flying Monkeys sind auch emotionale Verstärker, die Narcissus helfen, uns zu manipulieren. Sie bestärken seine Geschichten und machen uns glaubhaft, dass unsere Gefühle und Wahrnehmungen falsch sind. „Narcissus hat so viel für dich getan, du solltest ihm wirklich dankbar sein!".

Die Flying Monkeys handeln oft aus Unwissenheit oder weil sie selbst manipuliert wurden. Sie sehen Narcissus Magnificus als charismatische, hilfsbereite Person und sind sich der dunklen Seite seiner Persönlichkeit nicht bewusst. Manchmal handeln sie auch aus eigener Unsicherheit oder dem Bedürfnis nach Anerkennung.

Fazit

Damit Narcissus Magnificus nahestehende Menschen oder gemeinsame Bekannte in Flying Monkeys verwandeln kann, macht er ihnen Komplimente oder Geschenke. Er erzählt Lügen über uns und treibt uns so noch tiefer in die Isolation.

Gaslighting

Als Gaslighting können wir die Taktik unseres Narcissus Magnificus bezeichnen, wenn er unser Gehirn in den Mixer wirft.

Stellen wir uns vor, wir wachen eines Morgens auf und unser Lieblingskaffee schmeckt plötzlich nach Seife. Wir wissen genau, dass wir denselben Kaffee seit Jahren trinken, aber Narcissus Magnificus besteht darauf, dass wir ihn falsch zubereitet haben. Willkommen im Gaslighting, dem emotionalen Labyrinth, das uns den Verstand raubt!

Gaslighting ist eine perfide Manipulationstechnik, bei der Narcissus Magnificus uns dazu bringt, an unserer Wahrnehmung der Realität zu zweifeln. Er verdreht die Wahrheit, leugnet Tatsachen und lässt uns am Ende denken, wir seien verrückt geworden.

Narcissus Magnificus ist ein wahrer Meister des Gaslighting. Er setzt diese Technik geschickt ein, um uns zu manipulieren und die Kontrolle über uns zu behalten. Hier sind einige Beispiele, wie er das macht:

Die vergessene Verabredung

- Wir: „Hey, wir wollten doch heute Abend ins Kino gehen. Ich habe die Tickets schon besorgt."
- Narcissus Magnificus: „Kino? Ich habe nie gesagt, dass ich heute ins Kino gehen will. Du hast das wohl falsch verstanden."

Wahrheit: Natürlich hat er es gesagt. Vielleicht sogar zweimal. Aber jetzt zweifeln wir an unserem Gedächtnis.

Das mysteriöse Verschwinden der Schlüssel

- Wir: „Hast du meine Autoschlüssel gesehen? Ich bin sicher, ich habe sie auf den Küchentisch gelegt.".
- Narcissus Magnificus: „Du bist immer so schusselig. Wahrscheinlich hast du sie irgendwo liegen lassen. Ich habe sie definitiv nicht angefasst."

Wahrheit: Er hat die Schlüssel versteckt, nur um uns verrückt zu machen. Spoiler: Wir finden sie später in seiner Jackentasche.

Das alte „Du bist zu sensibel"

- WIR: „Ich finde es verletzend, wie du gestern Abend vor unseren Freunden über mich gesprochen hast.".
- Narcissus Magnificus: „Du übertreibst immer alles. Es war doch nur ein harmloser Witz. Du bist viel zu sensibel.".

Wahrheit: Es war kein harmloser Witz, sondern eine gezielte Demütigung. Aber jetzt fühlen wir uns schuldig, weil wir „überreagiert" haben.

Gaslighting ist nicht nur verwirrend, sondern kann ernsthaft schädlich für unser emotionales und gesundheitliches Wohlbefinden sein. Hier ist, was passieren kann:

1. Selbstzweifel und Verwirrung: Gaslighting führt dazu, dass wir ständig an uns selbst zweifeln. Wir hinterfragen unsere Erinnerungen, unsere Urteilsfähigkeit und unsere Gefühle. Das kann extrem verwirrend und entmutigend sein.
2. Vermindertes Selbstwertgefühl: Durch ständiges Gaslighting wird unser Selbstwertgefühl untergraben.

Wir beginnen zu glauben, dass wir tatsächlich
überempfindlich oder irrational sind.
3. Angst und Paranoia: Da uns nie sicher sind, was real
ist und was nicht, kann Gaslighting zu ständiger Angst
und Paranoia führen. Wir haben das Gefühl, auf
dünnem Eis zu gehen, und wissen nie, wann die
nächste Manipulation kommt.
4. Emotionale Erschöpfung: Die ständige mentale
Anstrengung, die Wahrheit herauszufinden und sich
selbst zu verteidigen, kann emotional und physisch
erschöpfend sein. Wir fühlen uns ausgelaugt und
kraftlos.

Wie können wir uns vor Gaslighting schützen?

1. Ein Tagebuch führen: Schreiben wir genau auf, was
gesagt und getan wurde. Dies kann uns helfen, Muster
zu erkennen und unsere eigene Wahrnehmung zu
bestätigen.
2. Vertrauen wir auf unser Bauchgefühl: Wenn sich etwas
falsch anfühlt, ist es das wahrscheinlich auch. Lassen
wir uns nicht einreden, dass wir überreagieren.
3. Suchen wir Unterstützung: Sprechen wir mit Freunden
und Familie über unsere Erfahrungen. Außenstehende
können oft klarer sehen, was vor sich geht.
4. Setzen wir Grenzen: Lassen wir uns nicht auf
Manipulationen ein. Setzen wir klare Grenzen und
bleiben wir standhaft.
5. Erwägen wir professionelle Hilfe: Ein Therapeut kann
uns helfen, Manipulationen zu erkennen und gesunde
Wege zu finden, damit umzugehen.

Fazit

Gaslighting ist eine gefährliche und schädliche Taktik, die
Narcissus Magnificus meisterhaft beherrscht. Es ist wichtig,
diese Red Flag zu erkennen und Maßnahmen zu ergreifen,
um uns zu schützen. Erinnern wir uns daran: Wir sind nicht
verrückt, und unsere Gefühle und Wahrnehmungen sind
gültig. Bleiben wir stark und lassen uns nicht von den
Manipulationen unseres Narcissus Magnificus täuschen. Wir
verdienen eine Beziehung, in der wir respektiert und geliebt
werden, ohne Tricks und Täuschungen!

Ghosting

Beim Ghosting verschwindet Narcissus Magnificus ohne
Vorwarnung vollkommen von der Bildfläche. Er taucht ab,
antwortet nicht mehr und ist für uns nicht mehr zu erreichen. In
Extremfällen bedeutet Ghosting: Wir kommen von der Arbeit
nach Hause und müssen feststellen, dass Narcissus
Magnificus ausgezogen ist, während wir nicht daheim waren.
Ohne ein Wort der Warnung oder ersichtlichen Anlass.

Gerade wenn wir denken, dass alles zwischen uns gerade
super läuft, zum Beispiel nach einer wunderbaren Liebesnacht
verschwindet Narcissus Magnificus und taucht einfach für
Wochen oder Monate unter.

Dies kann folgende Gründe haben:

- Macht und Kontrolle - er sagt uns: Ich gehe und komme, wann ich will!
- Push-and-Pull - er demonstriert uns, dass wir keine Priorität für ihn haben.
- Verlustängste - er triggert so unsere Verlustängste und verunsichert uns.

Wenn wir von Narcissus Magnificus geghostet werden, kreisen unsere Gedanken tagelang nur um die Fragen:

- Was habe ich falsch gemacht?
- Was habe ich übersehen?
- Hat er Probleme, die er mir verschwiegen hat?
- Ist ihm vielleicht etwas passiert?

Narcissus Magnificus verschwendet, nachdem er verschwunden ist, leider keinen Gedanken an uns. Dies liegt an der fehlenden Objektkonstanz.

Warum er keinen Gedanken an uns verschwendet erklärt der österreichisch-amerikanische Psychiater und Psychoanalytiker Otto Kernberg, der zu den weltweit führenden Forschern zum Thema Narzissmus zählt und weist darauf hin, dass Narzissten über keine Objektkonstanz verfügen.

Objektkonstanz bezeichnet das psychologisch gefühlte Wissen darum, dass Objekte (Menschen) auch dann weiter existieren, wenn sie gerade nicht mit uns in einem Raum oder im Kontakt mit uns sind. Natürlich ist unserem Narzissten vom Verstand her klar, dass wir weiter existieren, wenn er uns ghosted oder wir gerade

Auch das Nähe-Distanz-Verhältnis wird durch Ghosting von Narcissus Magnificus gesteuert. Häufig löst Intimität und die große Nähe einer besonders schönen Begegnung seine tiefsitzenden Bindungsängste auf den Plan. Um sein inneres Gleichgewicht wiederherzustellen, muss er sich und uns erst wieder seine Unabhängigkeit beweisen.

Ghosting wird uns, die Gehosteten, schwer verunsichern. Deshalb versuchen wir alles zu tun, damit so etwas nicht noch einmal vorkommt, sofern Narcissus Magnificus doch noch einmal auftaucht. Wir bemühen uns, unser Verhalten so anzupassen, dass wir Narcissus Magnificus keinen Anlass geben, noch einmal zu verschwinden. Leider ist jegliche Mühe vergeblich, Narcissus Magnificus lässt sich durch nichts beeindrucken, ist ihm langweilig, hat er eine neue Frau im Visier, ist er garantiert wieder verschwunden.

Fazit

Wir dürfen uns auf keinen Fall die Schuld dafür geben, dass die Knalltüte untergetaucht ist. Denn diese Aktion sagt mehr über unser Date aus als über uns. Machen wir uns das immer wieder und wieder klar und stärken damit unser

Selbstbewusstsein. Je mehr wir davon haben, desto attraktiver wirken wir auf andere. Es fällt besonders schwer, ist aber mindestens genauso wichtig: Melden wir uns nicht mehr bei Narcissus Magnificus. Damit stärken wir unsere eigene Würde.

Grooming

Meine lieben Leserinnen, stellen wir uns vor, wir befinden uns in einem kuscheligen, warmen Whirlpool. Es ist so angenehm, dass wir gar nicht bemerken, wie die Temperatur langsam steigt. Plötzlich stellen wir fest, dass das Wasser unerträglich heiß geworden ist, aber wir sind schon so daran gewöhnt, dass wir nicht sofort herausspringen. Willkommen beim Grooming – dem schleichenden Angriff auf unsere Grenzen, orchestriert von Narcissus Magnificus.

Grooming ist eine hinterhältige Taktik, bei der Narcissus Magnificus unsere Grenzen langsam, aber stetig aufweicht. Kein starker emotionaler oder körperlicher Missbrauch von Anfang an – nein, das wäre zu auffällig. Stattdessen fängt er klein an und steigert die Intensität langsam, sodass wir uns allmählich an immer toxischere Verhaltensweisen gewöhnen. Narcissus Magnificus ist ein echter Meister der subtilen Manipulation. Hier sind einige Beispiele, wie er Grooming einsetzt, um unsere Grenzen zu erodieren:

Das schleichende Kritikmonster

- Erster Monat: „Oh, du hast dir die Haare geschnitten? Sieht süß aus.".
- Dritter Monat: „Deine Haare sehen besser aus, wenn sie länger sind.".
- Sechster Monat: „Wirklich? Diese Frisur? Ich dachte, wir hätten besprochen, dass du besser mit langen Haaren aussiehst.".
- Wahrheit: Was als harmloser Kommentar begann, hat sich in eine direkte Kontrolle über unser Aussehen verwandelt.

Schrittweise Eroberung unserer Freizeit

- Erster Monat: „Ich freue mich so, dass du heute den Abend mit mir verbringst!".
- Dritter Monat: „Musst du wirklich mit deinen Freunden ausgehen? Ich dachte, wir könnten einen gemütlichen Abend zu zweit machen.".
- Sechster Monat: „Du verbringst zu viel Zeit mit anderen. Wenn du mich wirklich lieben würdest, würdest du mehr Zeit mit mir verbringen.".
- Wahrheit: Langsam aber sicher haben sich unsere sozialen Aktivitäten reduziert und unsere Welt dreht sich nur noch um ihn.

„Ich weiß es besser"-Phänomen

- Erster Monat: „Oh, das ist interessant. Ich habe gelesen, dass…".
- Dritter Monat: „Eigentlich ist das falsch. Lass mich dir erklären, wie es wirklich ist.".
- Sechster Monat: „Warum hörst du nicht einfach auf mich? Ich weiß, was das Beste für dich ist.".
- Wahrheit: Was als gut gemeinter Rat begann, hat sich in ständige Belehrungen und Herabsetzungen verwandelt.

Grooming ist besonders heimtückisch, weil es so schleichend und unauffällig beginnt. Hier sind die schädlichen Auswirkungen:

1. Verlust der eigenen Identität: Durch die ständige Anpassung und das Nachgeben verlieren wir allmählich unsere eigenen Wünsche und Bedürfnisse aus den Augen. Wir werden zu einer Version von uns selbst, die nur dazu dient, Narcissus Magnificus glücklich zu machen.
2. Erhöhte Toleranz für Missbrauch: Da die Intensität der toxischen Verhaltensweisen langsam zunimmt, gewöhnen wir uns daran und tolerieren schließlich Verhaltensweisen, die wir zu Beginn der Beziehung niemals akzeptiert hätten.
3. Emotionale Abhängigkeit: Grooming schafft eine starke emotionale Abhängigkeit. Wir beginnen zu glauben, dass wir ohne Narcissus Magnificus nicht mehr leben

können, und er hat uns soweit isoliert und manipuliert, dass wir kaum noch einen Ausweg sehen.

Schauen wir etwas genauer hin, können wir Grooming erkennen und uns davor schützen. Hier einige Anhaltspunkte, um Grooming zu erkennen:

1. Achten wir auf kleine Veränderungen: Behalten wir auch die kleinsten Veränderungen im Verhalten Narcissus Magnificus im Auge. Was heute wie eine harmlose Bemerkung aussieht, könnte morgen eine ausgewachsene Kontrolle sein.
2. Vertrauen wir unserem Bauchgefühl: Wenn sich etwas nicht richtig anfühlt, ist es das wahrscheinlich auch. Vertrauen wir unserem Instinkt und hinterfragen wir Verhaltensweisen, die uns unangenehm sind.
3. Bleiben wir in Kontakt mit Freunden und Familie: Halten wir den Kontakt zu unserem sozialen Netzwerk aufrecht. Sie können uns eine Außenperspektive geben und uns daran erinnern, wer wir wirklich sind.
4. Setzen wir klare Grenzen: Lassen wir nicht zu, dass unsere Grenzen nach und nach aufgeweicht werden. Setzen wir klare Grenzen und bestehen wir darauf, dass diese respektiert werden.

Grooming ist eine subtile, aber äußerst wirksame Methode, um unsere Grenzen langsam aufzuweichen und uns in eine toxische Beziehung zu ziehen. Narcissus Magnificus weiß

genau, wie er diese Technik nutzen kann, um uns allmählich
zu kontrollieren und zu manipulieren. Erkennen wir die
Anzeichen frühzeitig und handeln wir, bevor es zu spät ist. Wir
haben das Recht, in einer Beziehung zu sein, in der unsere
Grenzen respektiert werden und wir uns sicher und geschätzt
fühlen. Bleiben wir wachsam und lassen uns nicht in den
Whirlpool der Manipulation ziehen!

Fazit

Beim Grooming verlieren wir mit der Zeit immer mehr den
Boden unter unseren Füßen. Wir lassen uns von Narcissus
Magnificus auf eine Weise behandeln, die wir niemals toleriert
hätten, hätte er sich bereits in der Anfangszeit unserer
Beziehung so verhalten. Grooming führt zu einer
Toleranzentwicklung, die mit der eines Alkoholikers
vergleichbar ist. Nach entsprechender Gewöhnung verträgt ein
Alkoholiker Mengen, die einen Nicht-Alkoholiker töten würden.
Den Alkoholiker töten sie allerdings auch. Nur dauert es etwas
länger.

Hoovering

Stellen wir uns vor, meine lieben Leserinnen, wir sind gerade
dem Klammergriff einer äußerst toxischen Beziehung mit
Narcissus Magnificus entkommen. Die Freiheit schmeckt süß,
die Vögel singen wieder, und selbst der tägliche Gang zum
Supermarkt fühlt sich wie ein Abenteuer an. Doch plötzlich,
wie aus dem Nichts, taucht Narcissus Magnificus auf,
bewaffnet mit Liebesbriefen, Tränen und Versprechungen,

dass alles anders wird. Willkommen in der faszinierenden Welt des Hooverings!

Hoovering ist eine Technik, die Narcissus Magnificus nutzt, um uns zurück in die ungesunde Beziehung zu saugen. Der Begriff leitet sich von der berühmten Staubsaugermarke "Hoover" ab, denn genau wie ein Staubsauger saugt Narcissus Magnificus uns zurück in sein Netz aus Kontrolle und Manipulation. Und Narcissus Magnificus hat das Hoovering zur Kunstform erhoben. Wenn es eine olympische Disziplin wäre, würde er jedes Mal die Goldmedaille gewinnen. Sein Arsenal an Hoovering-Strategien ist beeindruckend und reicht von subtilen bis hin zu geradezu lächerlichen Taktiken:

Krokodilstränen: Narcissus Magnificus ist ein Meister der Tränendrüse. Er kann auf Kommando weinen wie ein Hollywood-Schauspieler und verwendet diese Fähigkeit, um Mitgefühl und Mitleid zu erwecken. Wir glauben, dass niemand so traurig sein könnte, ohne wirklich zu bereuen, was er getan hat. Aber Vorsicht! Diese Tränen sind nur Show.

Versprechen der Veränderung: „Ich habe mich geändert", sagt Narcissus Magnificus mit einem Blick, der direkt ins Herz zielt. „Ich werde nie wieder so sein wie früher. Gib mir noch eine Chance.". Diese Versprechen sind hohl, wie eine Schokoladenfigur zu Ostern. Sie hören sich gut an, aber sobald wir zubeißen, merken wir, dass es nur leere Versprechungen sind.

Romantische Offensive: Narcissus Magnificus liebt es, uns mit Romantik zu überschütten. Er plant aufwändige Dates, schreibt Liebesgedichte und bringt Blumen mit. Doch diese

romantischen Gesten sind lediglich Werkzeuge, um uns
wieder in die Falle zu locken. Sobald wir wieder fest in seinem
Griff sind, verschwindet die Romantik so schnell wie sie
gekommen ist.

Beim Hoovering geht es nur um die Bedürfnisse unseres
Narcissus Magnificus. Hoovering ist eine höchst egoistische
Taktik. Es geht darum, die Kontrolle zurückzugewinnen, sein
Ego zu stärken und sicherzustellen, dass wir weiterhin als
emotionale Stütze zur Verfügung stehen. Narcissus
Magnificus definiert sich stark durch die Bestätigung und
Bewunderung, die er von uns erhält. Dieses Bedürfnis nach
äußerer Anerkennung ist tief in seinem Selbstwertgefühl
verankert. Wird Narcissus Magnificus verlassen, nimmt er dies
nicht nur als persönlichen Verlust, sondern als direkte
Bedrohung seines Selbstbildes wahr.

Das Selbstbild unseres Narcissus Magnificus ist meistens
übermäßig positiv und oft unrealistisch. Er sieht sich als
überlegen, besonders und einzigartig. Dieses Selbstbild muss
ständig durch externe Bestätigung und Aufmerksamkeit
genährt werden, da es auf einer fragilen Grundlage ruht.
Narcissus Magnificus benötigt diese kontinuierliche
Bestätigung, um sein Gefühl der Überlegenheit und seinen
Selbstwert aufrechtzuerhalten. Wenn wir Narcissus Magnificus
verlassen, entsteht eine Art "Wunde" in seinem Selbstbild.
Diese Wunde symbolisiert den Bruch in der Illusion seiner
eigenen Überlegenheit und Unantastbarkeit. Das
Verlassenwerden stellt einen direkten Angriff auf sein
Selbstwertgefühl dar, weil es zeigt, dass jemand ihn als nicht
wertvoll genug ansieht, um bei ihm zu bleiben. Dieser Verlust
von Kontrolle und Anerkennung ist für Narcissus Magnificus
extrem schmerzhaft.

Hoovering ist demzufolge die Taktik, die Narcissus Magnificus einsetzt, um diese Wunde zu "heilen". Indem Narcissus Magnificus uns zurück saugt, versucht er, die verlorene Kontrolle und Anerkennung wiederzuerlangen. Wenn wir zurückkommen, bestätigt dies Narcissus Magnificus, dass er doch wertvoll und unersetzlich ist. Wir dienen ihm somit als eine Art emotionales Pflaster, das die Wunde bedeckt und Narcissus Magnificus wieder in seinem falschen Gefühl der Überlegenheit und Sicherheit wiegt.

Natürlich ist das Thema "Hoovering" ernst, aber manchmal hilft es, das Absurde in der Situation zu sehen, um damit umzugehen. Stellen wir uns vor, Narcissus Magnificus wäre ein Staubsaugervertreter, der an unserer Tür klingelt.

> „Guten Tag, ich bin von Hoover. Sie erinnern sich sicher an unsere letzte Beziehung? Nun, wir haben unser Modell verbessert! Jetzt mit noch mehr Tränen und leeren Versprechungen. Möchten Sie es ausprobieren?".

Wir könnten einfach nur lachen, aber dieser Ansatz entwaffnet Narcissus Magnificus. Humor kann ein mächtiges Werkzeug sein, um den Ernst der Lage zu entschärfen und gleichzeitig die Absurdität der Situation zu erkennen.

Hoovering ist ein perfides Spiel, das nur einen Gewinner kennt: Narcissus Magnificus. Doch mit dem richtigen Wissen und den richtigen Strategien können wir dieses Spiel durchschauen und uns davor schützen. Humor mag ein Teil der Bewältigungsstrategie sein, aber vergessen wir nie den ernsten Kern der Sache. Bleiben wir stark, setzen Grenzen und suchen uns Unterstützung. Nur so können wir sicherstellen, dass wir nicht wieder in den Strudel der toxischen Beziehung gesogen werden.

Hoovering ist übrigens eher beim verdeckten Narzissmus, als beim grandiosen Narzissmus zu finden. Ist unser verdeckter Narzisst sicher, dass wir emotional stark an ihn gebunden sind, dann fängt für ihn der "Spaß" erst richtig an. Dieser Zeitpunkt ist dann auch in den meisten Fällen der Start für eine "On-Off- Beziehung " und diese kann Monate und auch Jahre dauern. Er wird erbarmungslos mit unserer Leidensfähigkeit spielen. Er macht uns systematisch durch den Wechsel zwischen Funkstelle und plötzlichem Unverhofften wieder in unserem Leben auftauchen, charmant und liebevoll, fertig. Wir verzeihen ihm, nehmen unseren Traummann zurück und der Tanz beginnt von vorne. Nichts wird besser und sobald uns Narcissus Magnificus wieder so sehr strapaziert hat, dass wir völlig ausgelaugt sind, wendet er sich einer neuen, unverbrauchten Energiequelle zu. Das "Hoovern" ist für uns erst einmal vorbei. Er verschwindet wieder!

Fazit

Auch wenn unser Narzisst seine Charme-Maske wieder aufsetzt und uns ins Ohr säuselt:

- Ich kann ohne dich nicht leben!
- Ich liebe dich so sehr!
- Ich vermisse dich!
- Ich brauche dich!

Alles Bullshit! - Es geht nur um ihn!

Beim Hoovering geht es nur um seine Bedürftigkeit. Wir können mit 100prozentiger Sicherheit davon ausgehen, dass es ihm nicht um unser Wohlergehen geht. Denn dann würde er unser Bedürfnis nach Ruhe und Abstand respektieren. Es geht ihm nur darum, die Kontrolle wieder zu erlangen. Alles, was er nicht kontrollieren kann, macht ihm Angst.

Narzissten lügen, manipulieren, erfinden Dinge und tun alles, damit wir sie nicht verlassen. Denken wir immer daran, warum wir uns von ihm getrennt haben, wie mies wir uns in der Beziehung gefühlt haben und wie giftig Narcissus Magnificus für unser Wohlbefinden ist!

Induzierte Schuldgefühle

In einer perfekten Welt, meine lieben Leserinnen, würden wir uns alle in Beziehungen wiederfinden, die von Respekt, Verständnis und Liebe geprägt sind. Leider sieht die Realität oft anders aus, und wir begegnen viel zu oft einem ganz besonderen Charakter: Narcissus Magnificus. Dieser Mann versteht es, uns Schuldgefühle zu induzieren und uns glauben zu lassen, dass wir für alles, was in der Beziehung schiefläuft, verantwortlich sind.

Doch wie gelingt ihm das? Warum nehmen wir die Schuld so bereitwillig auf uns? Und welche Ängste blockieren uns, sodass wir nicht fähig sind, uns gegen seine Schuldzuweisungen zu wehren? In diesem Kapitel werden wir genau diese Fragen beantworten und uns bemühen, die Taktiken von Narcissus Magnificus zu durchschauen und sich dagegen zu wappnen.

Induzierte Schuldgefühle sind ein mächtiges Werkzeug in den Händen unseres Narcissus Magnificus. Es handelt sich dabei um Gefühle der Reue oder des Bedauerns, die uns durch seine Handlungen oder Worte eingepflanzt werden. In einer toxischen Beziehung nutzt Narcissus Magnificus diese Taktik, um die Kontrolle zu behalten und die Oberhand zu gewinnen. Indem er uns ständig für alles verantwortlich macht, was in der Beziehung schiefläuft, versetzt er uns in einen ständigen Zustand der Unsicherheit und Selbstzweifel.

Stellen wir uns vor, wir haben einen Streit über etwas Banales wie das Abwaschen des Geschirrs. Anstatt den Konflikt auf Augenhöhe zu lösen, wird Narcissus Magnificus eine meisterhafte Show abziehen, die uns dazu bringt, zu glauben, dass wir die Ursache allen Übels sind. Am Ende des Streits fühlen wir uns schuldig, obwohl wir nur den Wunsch geäußert haben, dass er seinen Teller selbst spült. Diese Manipulationstechnik ist nicht nur unfair, sondern auch emotional belastend.

Narcissus Magnificus hat eine ganze Palette von Strategien, um Schuldgefühle zu induzieren. Hier sind einige der häufigsten Taktiken:

- Gaslighting: Er stellt unsere Wahrnehmung der Realität in Frage. Wenn wir uns über sein Verhalten beschweren, wird er behaupten, dass wir überreagieren oder Dinge erfinden.
- Projektion: Er schiebt seine eigenen Fehler und Vergehen auf uns. Wenn er untreu ist, wird er uns vorwerfen, dass wir untreu sind.

- Silent Treatment: Er bestraft uns mit Schweigen und
  Entzug von Zuneigung, bis wir uns entschuldigen, auch
  wenn wir nichts falsch gemacht haben.
- Emotionales Erpressen: Er droht indirekt oder direkt mit
  Konsequenzen, wenn wir nicht nachgeben. Das kann
  der Verlust der Beziehung oder andere emotionale
  Strafen sein.

Es ist eine traurige Wahrheit, dass wir viel zu oft die Schuld
auf uns nehmen, selbst wenn wir nichts falsch gemacht haben.
Aber warum ist das so? Es gibt mehrere psychologische
Mechanismen, die hierbei eine Rolle spielen:Selbstwertgefühl:
Frauen mit einem niedrigen Selbstwertgefühl sind besonders
anfällig für induzierte Schuldgefühle. Sie zweifeln oft an sich
selbst und nehmen Kritik schnell zu Herzen.

- Empathie: Frauen und junge Mädchen neigen dazu,
  sehr empathisch zu sein. Sie möchten Harmonie in der
  Beziehung und sind bereit, eigene Bedürfnisse
  zurückzustellen, um Konflikte zu vermeiden.
- Soziale Konditionierung: Viele von uns wurden so
  erzogen, dass wir Konflikte meiden und uns anpassen
  sollen. Diese tief verwurzelten Überzeugungen machen
  es schwer, gegen Schuldzuweisungen anzukämpfen.

Die Ängste, die uns daran hindern, uns gegen die
Schuldzuweisungen Narcissus Magnificus zu wehren, sind
vielfältig und oft sehr stark. Hier sind einige der häufigsten:

- Angst vor Ablehnung und Verlassenwerden: Die Vorstellung, allein zu sein, kann so beängstigend sein, dass wir lieber die Schuld auf uns nehmen, um den Partner nicht zu verlieren.
- Angst vor Konflikten: Manche Menschen haben eine tiefe Abneigung gegen Streit und Auseinandersetzungen. Die Aussicht auf einen Konflikt kann so unangenehm sein, dass sie lieber nachgeben und die Schuld akzeptieren.
- Angst vor emotionalen Konsequenzen: Narcissus Magnificus weiß genau, welche Knöpfe er drücken muss, um uns emotional zu treffen. Die Angst vor seinen Reaktionen kann uns lähmen und daran hindern, uns zu wehren.

Fazit

Die Schuldzuweisung durch Narcissus Magnificus ist eine hinterhältige und schädliche Taktik, die darauf abzielt, Kontrolle und Macht in der Beziehung zu behalten. Doch mit dem richtigen Wissen und den richtigen Strategien können wir uns dagegen wehren. Stärken wir unser Selbstwertgefühl, setzen klare Grenzen und suchen Unterstützung. Denken wir daran: Wir verdienen eine Beziehung, die auf Respekt, Liebe und gegenseitigem Verständnis basiert. Lassen wir uns nicht von Narcissus Magnificus manipulieren und erkennen wir unsere eigene Stärke und Wert.

Isolation

Isolation ist eine der berüchtigten „Red Flags" in toxischen Beziehungen. Stellen wir uns vor, Narcissus Magnificus ist wie ein böser Zauberer aus einem Fantasyfilm. Er hat einen mächtigen Zauberstab und nutzt ihn, um uns in einen Turm zu sperren. Der Turm ist allerdings nicht aus Stein, sondern aus Unsicherheiten und negativen Kommentaren über unsere sozialen Kontakte.

Hier sind einige typische Zaubertricks, die er benutzt, um uns zu isolieren:

- Der „Beste-Freundin-Zauber: Er beginnt, über unsere beste Freundin zu lästern. „Hast du bemerkt, dass sie immer so negativ ist? Ich glaube, sie hat einen schlechten Einfluss auf dich!". Natürlich hofft er, dass wir dadurch weniger Zeit mit ihr verbringen, weil sie vielleicht diejenige ist, die uns sagen würde: „Hey, dieser Typ ist ein Problem!".
- Der „Familien-Zauber: Plötzlich ist nichts, was unsere Familie tut, gut genug. „Warum ruft deine Mutter so oft an? Sie kann einfach nicht akzeptieren, dass du jetzt ein eigenes Leben hast." Klar, weil jeder böse Zauberer weiß, dass die Familie die ultimative Entzauberungskraft hat.
- Der „Soziale-Zauberfaden": Wenn wir planen, mit Freunden auszugehen, zaubert er schnell ein „Oh, ich hatte gehofft, dass wir heute zusammen einen gemütlichen Abend verbringen könnten. Ich vermisse unsere Zeit zusammen!" Zack, plötzlich bleiben wir

lieber zu Hause, weil wir das schlechte Gewissen nicht ertragen können.

Diese Zaubertricks haben nur ein Ziel: uns von der Außenwelt abzuschneiden, damit wir vollständig von Narcissus Magnificus abhängig werden. Und wie jeder gute Fantasy-Zauberer weiß, ist die Macht eines Zauberers nur so stark wie seine Fähigkeit, sein Opfer in seinem Bann zu halten. Also, wenn wir merken, dass Narcissus Magnificus versucht, uns von unseren Freunden und unserer Familie fernzuhalten, denk daran: Niemand sollte der böse Zauberer in unserem Leben sein. Stattdessen schnappen wir uns unser unsichtbares Schutzschild (ala Selbstbewusstsein) und sprechen einen Gegenzauber: „Ich schütze meine sozialen Kontakte!".

Isolation ist im Umgang mit Narcissus Magnificus äußerst gefährlich, weil sie wie ein gut ausgeführter Trick eines hinterhältigen Magiers funktioniert. Hier sind einige Gründe, warum diese Methode so besonders gefährlich ist:

- Abhängigkeit erhöhen: Indem Narcissus Magnificus uns von Freunden und Familie isoliert, macht er uns emotional und oft auch praktisch von sich abhängig. Wir haben weniger Leute, an die wir uns wenden können, und beginnen, Narcissus Magnificus als unseren einzigen Ansprechpartner zu sehen.
- Realität verzerren: Ohne den Input von Außenstehenden können wir die Realität leichter aus den Augen verlieren. Freunde und Familie bieten oft eine wichtige Perspektive und können uns helfen, zu erkennen, wenn wir schlecht behandelt werden. Ohne diese Perspektive kann Narcissus Magnificus seine eigene verzerrte Sichtweise auf uns projizieren.

- Selbstwertgefühl untergraben: Narcissus Magnificus kritisiert unsere Freunde und Familie, um unsere Beziehungen zu ihnen zu schwächen. Dies kann dazu führen, dass wir uns selbst infrage stellen und unser Selbstwertgefühl sinkt, was uns noch abhängiger von Narcissus Magnificus macht.
- Kontrolle verstärken: Isolation ist ein mächtiges Werkzeug zur Kontrolle. Narcissus Magnificus kann unser Verhalten und unsere Entscheidungen leichter manipulieren, wenn wir keine unterstützenden Stimmen um uns herumhaben. Wir beginnen, uns nur nach seinen Vorstellungen und Erwartungen zu richten.
- Erkennen der Manipulation erschweren: Wenn wir isoliert sind, haben wir weniger Möglichkeiten, die manipulativen Taktiken unseres Narcissus Magnificus zu durchschauen. Andere Menschen können uns oft helfen, rote Flaggen zu erkennen und uns aus toxischen Situationen zu befreien.

Fazit

Isolation ist eine gefährliche Taktik, die Narcissus Magnificus verwendet, um seine Kontrolle zu festigen und sicherzustellen, dass sie die Hauptquelle unserer emotionalen Unterstützung und Bestätigung sind. Ohne ein starkes Netzwerk von Freunden und Familie ist es schwieriger, ihre manipulativen Taktiken zu erkennen und uns daraus zu befreien.

Opferrolle

Die Opferrolle ist definitiv eine klassische Red Flag in einer
Beziehung mit Narcissus Magnificus. Diese Verhaltensweise
dient oft dazu, Schuldgefühle zu erzeugen und Kontrolle
auszuüben. Hier sind einige Aspekte, die zeigen, wie die
Opferrolle als Red Flag wirkt:

Manipulative Schuldzuweisungen: Narcissus Magnificus stellt
sich oft als das Opfer dar, selbst in Situationen, in denen er
offensichtlich im Unrecht ist. Dies geschieht häufig, um die
Aufmerksamkeit von seinem eigenen Fehlverhalten
abzulenken und Ihnen das Gefühl zu geben, dass Sie
diejenige sind, die etwas falsch gemacht hat. Beispiel: „Du
weißt, dass ich eine schwere Kindheit hatte. Deshalb reagiere
ich manchmal so heftig. Du solltest mehr Rücksicht darauf
nehmen.".

Emotionale Erpressung: Durch das Einnehmen der Opferrolle
kann Narcissus Magnificus emotionale Erpressung betreiben.
Er macht Sie verantwortlich für sein Unglück oder seine
Probleme, wodurch Sie sich verpflichtet fühlen, seine
Bedürfnisse zu erfüllen und seine Launen zu ertragen.
Beispiel: „Wenn du mich wirklich lieben würdest, würdest du
mich nicht so behandeln. Schau, wie schlecht es mir jetzt geht
wegen dir.".

Mangelnde Verantwortungsübernahme: Indem er sich als
Opfer darstellt, vermeidet Narcissus Magnificus die
Übernahme von Verantwortung für sein eigenes Verhalten. Er
schafft es, sich aus der Verantwortung zu stehlen, indem er
behauptet, dass äußere Umstände oder andere Personen die

Ursache für sein Verhalten sind. Beispiel: „Ich konnte einfach nicht anders reagieren. Du hast mich in diese Situation gebracht.".

Erzeugung von Mitleid: Das Spielen der Opferrolle ist auch ein Mittel, um Mitleid zu erregen und Sympathie zu gewinnen. Dies kann dazu führen, dass Sie seine Verhaltensweisen entschuldigen und ihm immer wieder Chancen geben, obwohl er sich nicht wirklich ändert. Beispiel: „Niemand versteht mich so wie du. Alle anderen haben mich immer nur enttäuscht. Bitte verlass mich nicht auch noch.".

Gaslighting durch Opferrolle: Eine subtile Form von Gaslighting kann auch durch das Einnehmen der Opferrolle erfolgen. Indem Narcissus Magnificus behauptet, dass Sie ihn ständig verletzen oder ihm Unrecht tun, können Sie an Ihrer eigenen Wahrnehmung und Ihren Gefühlen zweifeln. Beispiel: „Es ist immer dasselbe mit dir. Du machst mich für alles verantwortlich. Dabei bin ich derjenige, der hier leidet.".
Die Opferrolle ist besonders problematisch, weil sie tief in die emotionale Manipulation eingreift und das Machtgleichgewicht in der Beziehung stark zu Gunsten von Narcissus Magnificus verschiebt. Wenn wir ständig das Gefühl haben, dass wir diejenige sind, die für sein Wohlbefinden verantwortlich sind, und er sich immer als das unschuldige Opfer darstellt, führt dies zu einem ungesunden und toxischen Beziehungsmuster.

Fazit
Das Einnehmen der Opferrolle durch Narcissus Magnificus ist eine klare Red Flag, die auf tiefgreifende manipulative Taktiken hinweist. Es ist wichtig, diese Verhaltensweise zu erkennen und sich nicht von Schuldgefühlen oder Mitleid in eine ungesunde Dynamik hineinziehen zu lassen, in der wir

uns ständig für das Wohl von Narcissus Magnificus
verantwortlich fühlen. Stattdessen sollten wir klare Grenzen
setzen und uns selbst und unsere emotionalen Bedürfnisse
schützen.

Love Bombing

Willkommen, meine lieben Leserinnen, tauchen wir in die
zauberhafte Welt unseres Narcissus Magnificus, dem
selbsternannten Großmeister der Liebe und Hüter des
Herzens, etwas tiefer ein. Mit einer Anmut, die selbst Venus
erblassen lässt, und einem Charme, dem selbst die klügsten
Köpfe erliegen, versteht es Narcissus Magnificus, seine
Auserwählten mit einer Flut von Zuneigung zu überwältigen.
Dieser kunstvolle Akt des „Love-Bombings" ist sein
bevorzugtes Instrument, um sich in die Herzen von uns
ahnungslosen Frauen zu schleichen und uns in ein Netz aus
Illusionen und emotionaler Abhängigkeit zu verstricken.

Stellen wir uns vor, wir betreten ein Café, nichtsahnend, dass
unser Leben gleich eine dramatische Wendung nehmen wird.
Da sitzt er, Narcissus Magnificus, gekleidet wie ein moderner
Adonis, seine Augen leuchten wie Sterne und sein Lächeln
könnte selbst den härtesten Kritiker schwach machen.
Innerhalb weniger Sekunden ist er bei uns, seine Aura von
Charme und Selbstbewusstsein ist überwältigend. Er spricht
mit einer solchen Leidenschaft und Intensität, dass wir
glauben, der Hauptcharakter in einem Liebesroman zu sein.

Narcissus Magnificus verliert keine Zeit. Von Anfang an
überschüttet er uns mit Komplimenten, Blumensträußen und
den prächtigsten Geschenken, wenn er die finanziellen Mittel
zur Verfügung hat. Ansonsten zahlt die gerade aktuelle Frau,

mit der unser Liebesgott gerade eine Beziehung führt, die Geschenke für ihre Nachfolgerin. Wir sind die schönste, intelligenteste und faszinierendste Frau, die er je getroffen hat – und er lässt uns das jede Minute spüren. Doch hinter dieser perfekten Fassade lauert eine Taktik, die so alt ist wie die Zeit selbst: das Love-Bombing.

Love-Bombing, oder die Kunst der Liebesbombardierung, ist eine Strategie, bei der Narcissus Magnificus uns mit übermäßiger Zuneigung, Aufmerksamkeit und Geschenken überschüttet, um eine schnelle und tiefe emotionale Bindung zu schaffen. Narcissus Magnificus hat diese Methode zur Perfektion gebracht. Seine Liebesbekundungen sind nicht nur reichlich, sondern auch überwältigend.

In dieser Phase ist nichts zu viel. Frühstück im Bett? Natürlich, mit handverlesenen Rosenblättern. Ein romantisches Wochenende in Paris? Aber selbstverständlich nur das Beste für seine Angebetete. Ständig ruft er an, schreibt Nachrichten und plant Überraschungen. Es ist, als wären wir in einem endlosen Märchen gefangen, und genau das ist der Plan. Narcissus Magnificus will, dass wir uns wie die einzige Person auf der Welt fühlen und dass wir abhängig werden von dieser ständigen Flut an Bestätigung und Liebe.

Doch so glänzend die Fassade auch sein mag, erste Risse werden bald sichtbar. Die unaufhörlichen Anrufe und Nachrichten, die anfangs so schmeichelhaft wirken, beginnen uns zu erdrücken. Jede Minute unseres Tages scheint unter der Beobachtung von Narcissus Magnificus zu stehen. Seine Liebe fühlt sich plötzlich weniger wie ein Segen, sondern mehr wie eine Fessel an.

Dann kommen die subtilen Manipulationen. Er beginnt, uns
von Freunden und Familie zu isolieren. Warum sollten wir Zeit
mit anderen verbringen, wenn er uns alles geben kann, was
wir brauchen? Und wenn wir es wagen, seine ständige
Aufmerksamkeit in Frage zu stellen, wird er gekränkt und
verletzt reagieren, als ob wir ihn nicht genug schätzen würden.

Es ist nur eine Frage der Zeit, bis das wahre Gesicht von
Narcissus Magnificus zum Vorschein kommt. Die einst so
romantischen Gesten werden seltener und die Anforderungen
an unsere Zeit und Aufmerksamkeit nehmen zu. Er wird
zunehmend kontrollierender und kritisiert uns für Dinge, die er
vorher gelobt hat. Die Märchenwelt, die er erschaffen hat,
verwandelt sich langsam in einen Albtraum.

Wir beginnen zu erkennen, dass die großzügigen Geschenke
und die ständige Aufmerksamkeit nicht aus echter Zuneigung
stammen, sondern aus einem tiefen Bedürfnis nach Kontrolle
und Bestätigung. Narcissus Magnificus braucht uns nicht, weil
er uns liebt, sondern weil er unsere Bewunderung und
Unterwerfung braucht, um sich selbst großartig zu fühlen.

All dies ist ein Mittel zum Zweck. Narcissus Magnificus liebt
das falsche Spiel mit hochintensiven Emotionen und dem
Nervenkitzel der Jagd. Sobald er uns „erwischt" hat, verzweigt
er sich entweder zur nächsten Frau oder verändert sein
Verhalten zu etwas Kontrollierenden und Einschüchternden.

Myung Moon:

*"Die Mitglieder der Vereinigungskirche lächeln die
ganze Zeit, sogar um vier Uhr morgens. Der Mann, der
voller Liebe ist, muss so leben. Wenn Sie zum*

Zeugnisgeben ausgehen, können Sie die Wand streicheln und sagen, dass sie erwarten kann, dass Sie gut Zeugnis geben und lächeln, wenn Sie zurückkehren. Welches Gesicht könnte die Liebe besser repräsentieren als ein lächelndes Gesicht? Deshalb sprechen wir von Liebesbomben; Moonies haben so ein fröhliches Problem."

Die berüchtigten Sektenführer Jim Jones, Charles Manson und David Koresh instrumentalisierten Love Bombing und benutzten es, um Anhänger dazu zu bringen, Massenselbstmord und Mord zu begehen. Auch Zuhälter und nutzen Love-Bombing, um Loyalität und Gehorsam zu fördern.

Der Weg aus der Umklammerung des Narcissus Magnificus ist nicht einfach, aber es ist möglich. Der erste Schritt besteht darin, die Mechanismen des Love-Bombings zu erkennen und zu verstehen. Seien wir uns bewusst, dass echte Liebe nicht darauf abzielt, uns zu überwältigen oder zu kontrollieren, sondern auf gegenseitigem Respekt und Vertrauen basiert.

Suchen wir Unterstützung bei Freunden und Familie, die uns helfen können, einen klaren Kopf zu bewahren und objektiv über die Beziehung nachzudenken. Setzen wir klare Grenzen und lassen uns nicht von Schuldgefühlen oder emotionalen Manipulationen beeinflussen. Es mag schwer sein, sich von der Illusion der perfekten Liebe zu lösen, aber unsere Freiheit und unser Wohlbefinden sind es wert.

Fazit

In der bunten Welt unseres Narcissus Magnificus mag das Love-Bombing zunächst wie ein wahr gewordener Traum erscheinen. Doch hinter den funkelnden Fassaden und den überwältigenden Gesten lauert eine dunkle Realität – die Manipulation und Kontrolle, die unsere Autonomie und unser Wohlbefinden bedrohen.

Das Erkennen der Red Flags Flagge des Love-Bombings ist der erste und wichtigste Schritt auf dem Weg zur Selbstbefreiung. Es ist entscheidend, sich der toxischen Dynamiken bewusst zu werden und die subtile Kontrolle, die hinter der Flut von Aufmerksamkeit und Geschenken steckt, zu durchschauen. Diese Erkenntnis kann schmerzhaft sein, aber sie ist unerlässlich für unsere emotionale Gesundheit und Freiheit.

Echte Liebe basiert auf gegenseitigem Respekt, Vertrauen und einem ausgewogenen Geben und Nehmen. Sie sollten niemals dazu dienen, jemanden zu überwältigen oder zu kontrollieren. Wenn wir uns in einer Beziehung befinden, in der wir uns emotional erdrückt oder manipuliert fühlen, scheuen wir uns nicht, Hilfe zu suchen und Maßnahmen zu ergreifen, um uns zu schützen.

Lügen

In diesem Kapitel betreten wir die trügerische Welt unseres Narcissus Magnificus, dem unangefochtenen Meister der Täuschung und König der Falschheit. Mit einer Eloquenz, die selbst die gewieftesten Politiker erblassen lässt, und einem Charme, der selbst die skeptischsten Herzen zum Schmelzen bringt, versteht es Narcissus Magnificus, uns mit einem Netz aus Lügen zu umspinnen. Diese kunstvoll inszenierten

Unwahrheiten sind sein bevorzugtes Werkzeug, um Kontrolle auszuüben, Misstrauen zu säen und die Realität zu verzerren. Lügen, oder die Kunst der Täuschung, ist eine Strategie, bei der Narcissus Magnificus kontinuierlich falsche Informationen und Halbwahrheiten verbreitet, um uns zu verwirren und zu kontrollieren. Narcissus Magnificus hat diese Methode zur Perfektion gebracht. Seine Lügen sind nicht nur zahlreich, sondern auch meisterhaft inszeniert.

In dieser Phase ist keine Geschichte zu großartig und kein Detail zu unbedeutend. Er erzählt von seinen heroischen Taten, seiner unerschütterlichen Loyalität und seiner grenzenlosen Liebe. Er wird uns glauben machen, dass wir die einzige Frau in seinem Leben sind, die ihn wirklich versteht und unterstützt. Doch in Wirklichkeit ist jedes Wort sorgfältig kalkuliert, um unser Vertrauen zu gewinnen und unsere Wahrnehmung der Realität zu manipulieren.

Doch so perfekt die Fassade auch sein mag, erste Risse werden bald sichtbar. Kleine Unstimmigkeiten in seinen Geschichten und unerklärliche Widersprüche beginnen unser Misstrauen zu wecken. Vielleicht bemerken wir, dass seine Heldentaten je nach Tagesform variieren oder dass die Details seiner Geschichten plötzlich anders sind als zuvor.
Dann kommen die Rechtfertigungen. Wenn wir ihn auf seine Unstimmigkeiten ansprechen, wird er mit überzeugenden Ausreden und weiteren Lügen reagieren. Er wird uns das Gefühl geben, dass wir überreagieren oder Dinge falsch verstehen. Seine Fähigkeit, die Realität zu verdrehen und uns an uns selbst zweifeln zu lassen, ist beängstigend effektiv. Wir beginnen, uns zu fragen, ob wir derjenige sind, die verrückt werden.

Es ist nur eine Frage der Zeit, bis das wahre Gesicht von
Narcissus Magnificus zum Vorschein kommt. Die einmal so
überzeugenden Geschichten werden immer unglaubwürdiger,
und seine Ausreden immer absurder. Er wird zunehmend
defensiv und aggressiv, wenn wir seine Lügen in Frage
stellen. Die perfekte Fassade bröckelt und die wahre Natur
seiner Täuschungen wird offensichtlich.

Wir erkennen, dass seine Lügen nicht nur harmlose
Geschichten sind, sondern gezielte Manipulationen, die darauf
abzielen, unsere Wahrnehmung zu kontrollieren und unsere
Realität zu formen. Narcissus Magnificus hat uns nicht nur
belogen, um sich interessant zu machen, sondern um uns
emotional abhängig zu machen und uns in seiner Welt der
Illusionen gefangen zu halten.

Fazit

Die Begegnung mit Narcissus Magnificus mag anfangs wie der
Eintritt in ein Märchen erscheinen – charmant, aufregend und
voller vermeintlicher Ehrlichkeit. Doch hinter dieser
schillernden Fassade verbirgt sich eine Welt aus Täuschung
und Manipulation. Seine meisterhaft inszenierten Lügen sind
nicht nur Werkzeuge zur Selbstverherrlichung, sondern
gezielte Angriffe auf uns Vertrauen und unsere Wahrnehmung
der Realität.

Narcissus Magnificus mag ein Meister der Täuschung sein,
doch unsere Fähigkeit, die Wahrheit zu erkennen und für

unsere eigene Würde und Freiheit einzustehen, ist der wahre
Sieg. Indem wir uns selbst schützen und aus diesen
Erfahrungen lernen, können wir zukünftigen Täuschungen
entgegenwirken und Beziehungen führen, die auf echter Liebe
und Vertrauen basieren.

Manipulative Identitätszuschreibung

Bei der manipulativen Identitätszuschreibung werden wir zu
Beginn einer toxischen Beziehung auf eine idealisierte
Identität festgelegt, mit der wir uns später weiter im Einklang
verhalten, weil wir sie nicht mehr verlieren möchten. Das
geschieht zum Beispiel, indem uns Narcissus Magnificus ins
Ohr säuselt, dass noch nie jemand so viel Verständnis dafür
hatte, wie wir, dass Männer einfach ihre Freiheit brauchen.

Beispiel: Stellen wir uns vor, wir sind in einer Art "Hollywood-
Traummann trifft Normalsterbliche"-Situation. Narcissus
Magnificus ist, wie wir anfangs der Beziehung festgestellt
haben, ein echter Charmeur. Er hat diese magische Fähigkeit,
uns fühlen zu lassen, als wären wir die einzige Frau auf der
Welt, die ihn wirklich versteht. Klingt gut, oder?

Nun, hier kommt der Trick: Narcissus Magnificus ist ein
Meister darin, uns eine glänzende Identität überzustülpen, die
wir gar nicht bestellt haben. Plötzlich sind wir die Einzigen, die
versteht, dass Männer ihre Freiheit brauchen. Wow, was für
ein Ehrentitel! Aber aufgepasst, denn hinter dieser hübschen
Fassade steckt mehr als nur ein Lob.

Mit dieser Aussage bindet Narcissus uns geschickt an ein
Idealbild. Wir sind jetzt Freigeist-Versteherin. Superheldin der

Männer-Freiheitsrechte. Klingt toll, oder? Aber hier ist der Haken: Sobald wir anfangen, an diesem Idealbild zu zweifeln oder – Gott bewahre – unsere eigenen Bedürfnisse zu äußern, haben wir plötzlich das Gefühl, unseren glänzenden Superheldinnen-Status zu verlieren.

Wir haben uns diesen Titel zwar nicht ausgesucht, aber jetzt sind wir in dieser Rolle gefangen. Wir möchten Narcissus Magnificus nicht enttäuschen und diese "besondere Verbindung" nicht verlieren, die er uns eingeredet hat. Und so bleiben wir in diesem Spiel gefangen, weil wir weiterhin die Rolle spielen, die er uns aufgedrückt hat.

Es ist, als ob wir in einem wirklich schlechten Theaterstück stecken, wo wir die Hauptrolle spielen, aber keiner hat uns jemals das Drehbuch gegeben. Und am Ende des Tages merken wir vielleicht, dass wir nicht die grandiose Versteherin sind, sondern einfach nur ein weiteres Opfer von Narcissus Magnificus Manipulation.

Fazit

Also, wenn wir das nächste Mal jemanden treffen, der uns ein glänzendes, aber verdächtig unpassendes Idealbild überstülpen will, denken wir daran: Es ist nur ein Theaterstück. Narcissus Magnificus hat uns geschickt in eine Rolle gedrängt, in der wir ständig sein Bedürfnis nach Freiheit akzeptieren, nur um den Titel „Verständnisvollste Partnerin des Jahrhunderts" nicht zu verlieren. Wir haben die goldene Medaille für Toleranz um den Hals, und plötzlich merken wir, dass wir in einem Marathon laufen, für den wir uns nie angemeldet haben.

Opferhaltung

Narcissus Magnificus ist ein Mann, der eine übertriebene
Selbstliebe und ein starkes Bedürfnis nach Bewunderung hat.
Er ist stets darauf bedacht, im Mittelpunkt zu stehen und
verlangt von seinem Umfeld ungeteilte Aufmerksamkeit. Dabei
neigt er dazu, andere Menschen zu manipulieren und ihre
Gefühle zu ignorieren, solange seine eigenen Bedürfnisse
befriedigt werden. Seine übersteigerte Eitelkeit führt oft dazu,
dass er die Realität verzerrt wahrnimmt und Kritik oder
Ablehnung nur schwer ertragen kann. Gerne schlüpft er in die
Opferrolle, um Mitgefühl und zusätzliche Aufmerksamkeit zu
erlangen. Indem er sich als missverstanden oder unfair
behandelt darstellt, versucht er, die Sympathien seiner
Mitmenschen zu gewinnen und jede Verantwortung für eigene
Fehler abzuwälzen. Diese Taktik dient ihm dazu, die Kontrolle
über soziale Situationen zu behalten und sich gleichzeitig als
Zentrum des Mitgefühls zu inszenieren.

Das Schlüpfen in die Opferhaltung unseres Narcissus
Magnificus kann mehrere Gründe haben:

- Manipulation und Kontrolle: Unser Narcissus
  Magnificus nutzt die Opferrolle häufig, um uns zu
  manipulieren und zu kontrollieren. Indem er sich als
  Opfer darstellt, erzeugt er Mitgefühl und Unterstützung
  von anderen, was seine Machtposition stärkt.
- Aufmerksamkeit und Bewunderung: Die Opferrolle
  kann ebenfalls dazu dienen, Aufmerksamkeit und
  Bewunderung zu erlangen. Durch das Präsentieren
  von Leid oder Ungerechtigkeit versucht Narcissus
  Magnificus, unsere Zuwendung und Sympathie zu
  gewinnen.

- Vermeidung von Verantwortung: Durch das Einnehmen der Opferhaltung kann unser Narcissus Verantwortung für sein eigenes Verhalten vermeiden. Er schiebt die Schuld auf äußere Umstände oder andere Menschen, um seine eigene Selbstwahrnehmung als fehlerlos und überlegen zu schützen.
- Selbstrechtfertigung: Indem er sich als Opfer darstellt, rechtfertigt Narcissus Magnificus oft sein eigenes aggressives oder verletzendes Verhalten. Er behauptet, dass er nur auf das Unrecht, das ihm widerfahren ist, reagiert.

Für Frauen, die mit Narcissus Magnificus in einer Beziehung sind, ist es wichtig, diese "Red Flag" zu erkennen und sich der manipulativen Dynamiken bewusst zu sein, um uns selbst zu schützen und gesunde Grenzen zu setzen.

Zur Red Flag Opferhaltung neigt besonders unser verdeckter Narzisst, von dem sie gerne und häufig zur emotionalen Erpressung eingesetzt wird. Oft kombiniert mit induzierten Schuldgefühlen und der Schuldumkehr.

Der offene Narzisst hat ein eher zwiegespaltenes Verhältnis zur Opferhaltung. Die Opferhaltung lässt sich schwer mit seiner Grandiosität vereinbaren. Deshalb kommt sie hier hauptsächlich als Mittel zur Abwehr narzisstischer Kränkungen vor.

Fazit

Kurz gesagt, wenn Narcissus Magnificus die Opferrolle nutzt, führt er eine spektakuläre Show auf, die darauf abzielt, noch mehr Aufmerksamkeit und Kontrolle zu gewinnen. Es ist eine

Strategie, um uns emotional zu binden, unsere Hilfe zu erzwingen und uns gleichzeitig für seine Probleme verantwortlich zu machen. Ein wahres Meisterstück der Manipulation, das uns das Gefühl gibt, auf einer emotionalen Achterbahnfahrt zu sein – mit ihm als Dirigenten.

Mischung aus Lügen und Betrug

Die gefährlichste Red Flag in der Beziehung mit Narcissus Magnificus ist die Kombination aus ständigen Lügen und Betrug. Diese toxische Mischung bildet das Fundament seines manipulativen Verhaltens. Während eine einzelne Lüge oder ein einmaliger Betrug schon genug Schaden anrichten kann, ist die systematische Anwendung dieser Taktiken verheerend:

Zerstörung des Vertrauens: Vertrauen ist die Grundlage jeder gesunden Beziehung. Wenn Narcissus Magnificus ständig lügt und betrügt, wird das Vertrauen irreparabel beschädigt. Dies führt zu einem ständigen Gefühl der Unsicherheit und Angst.

Emotionale Manipulation: Durch Lügen und Betrug schafft Narcissus Magnificus eine verzerrte Realität, in der er die Kontrolle hat. Wir werden emotional destabilisiert und können kaum noch zwischen Wahrheit und Täuschung unterscheiden.

Langfristige Schäden: Die Auswirkungen von Lügen und Betrug sind oft langfristig. Selbst nach dem Ende der Beziehung können die emotionalen Narben bestehen bleiben und das Vertrauen in zukünftige Beziehungen beeinträchtigen.

Fazit

In einer Beziehung sollte die Wahrheit so klar sein wie ein
Bergsee im Frühling. Doch mit Narcissus Magnificus fühlt sich
jeder Tag an wie ein Tauchgang in einem schlammigen Moor.
Das ständige Lügen und Betrügen schafft eine Umgebung, in
der Misstrauen wächst wie Unkraut, und bevor wir es merken,
hat Narcissus Magnificus ein Dickicht aus Täuschung und
Manipulation um uns herum gebaut. Daher ist diese toxische
Mischung der gefährlichste Cocktail, den man in einer
Beziehung serviert bekommen kann.

Smear Campaign

Eine "Smear Campaign" (Verleumdungskampagne) ist eine
Manipulationstaktik, bei der gezielt falsche oder irreführende
Informationen verbreitet werden, um das Ansehen und die
Glaubwürdigkeit einer Person oder Organisation zu schädigen.
Diese Kampagnen sind oft heimtückisch und können
verschiedene Formen annehmen, wie zum Beispiel das
Verbreiten von Gerüchten, das Fälschen von Beweisen oder
das Verdrehen von Tatsachen. Das Ziel ist es, das öffentliche
Bild des Opfers zu zerstören und es als unzuverlässig,
kriminell oder moralisch verwerflich darzustellen.

Narcissus Magnificus nutzt diese Manipulationstaktik, indem er
geschickt Lügen und Halbwahrheiten streut, die uns in einem
schlechten Licht erscheinen lassen. Seine Methoden können
umfassen:

Gerüchte verbreiten: Er könnte falsche Geschichten über unser persönliches Leben oder unsere berufliche Integrität in Umlauf bringen, um Zweifel und Misstrauen zu säen.
Falsche Beweise schaffen: Durch die Erzeugung oder Manipulation von Dokumenten, Bildern oder anderen Beweisen kann er seinen Behauptungen eine scheinbare Glaubwürdigkeit verleihen.

Verbündete einbeziehen: Narcissus könnte enge Vertraute oder Mitverschwörer einbinden, die bereit sind, seine Lügen zu unterstützen und weiterzuverbreiten, wodurch die Kampagne noch glaubwürdiger erscheint.

Medien und soziale Netzwerke nutzen: Durch die gezielte Nutzung von Medien und sozialen Netzwerken kann er die Verleumdung weit verbreiten und eine breite Öffentlichkeit erreichen, bevor wir die Möglichkeit haben, die Anschuldigungen zu widerlegen.

Das Hauptziel von Narcissus Magnificus ist es, seine eigene Position zu stärken und seine Macht zu festigen, indem er uns schwächt und diskreditiert. Diese Taktik ist besonders effektiv, wenn sie schnell und in großem Maßstab durchgeführt wird, da sie uns oft überwältigt und uns kaum Zeit lässt, angemessen zu reagieren.

Eine Verleumdungskampagne (Smear Campaign) kann erhebliche und weitreichende Auswirkungen auf uns haben. Hier sind einige der wichtigsten Konsequenzen:

Rufschädigung: Eine gezielte Verleumdungskampagne kann unseren persönlichen und beruflichen Ruf erheblich schädigen. Selbst wenn die Anschuldigungen letztendlich widerlegt werden, kann der entstandene Schaden oft nicht vollständig rückgängig gemacht werden.

Vertrauensverlust: Wenn falsche Informationen über uns verbreitet werden, kann das Vertrauen unserer Kollegen, Freunde und der Öffentlichkeit in uns erschüttert werden. Dies kann sowohl persönliche Beziehungen als auch berufliche Netzwerke beeinträchtigen.

Psychischer Stress: Die ständige Konfrontation mit falschen Anschuldigungen und das Gefühl, uns ständig verteidigen zu müssen, kann erheblichen psychischen Stress und Angst verursachen. Dies kann zu Burnout, Depression und anderen psychischen Gesundheitsproblemen führen.

Rechtliche Konsequenzen: In einigen Fällen kann eine Verleumdungskampagne auch rechtliche Folgen haben, sowohl für uns als auch für den Täter. Wir könnten gezwungen sein, rechtliche Schritte zu unternehmen, um unseren Ruf zu schützen, was zeitaufwendig und kostspielig sein kann.

Erosion der Glaubwürdigkeit: Selbst, wenn wir uns erfolgreich gegen die falschen Anschuldigungen verteidigen, kann die wiederholte Notwendigkeit, uns zu rechtfertigen, unsere Glaubwürdigkeit in den Augen der Öffentlichkeit untergraben.

Fazit

Schmutzkampagnen sind für Narcissus Magnificus ein bewährtes Mittel, um eine narzisstische Kränkung auszugleichen und uns heimzuzahlen, was auch immer wir ihm in seinen Augen angetan haben. Er scheut nicht davor zurück, Lügen zu verbreiten, Gerüchte zu streuen und unser Ansehen zu beschädigen, um sich selbst wieder ins rechte Licht zu rücken. Indem er uns herabsetzt und uns die Schuld zuschiebt, stärkt er sein eigenes, angekratztes Ego. Solche intriganten Manöver setzen seine skrupellose und

rachsüchtige Natur offen, die nur darauf abzielt, seine eigene
Überlegenheit wiederherzustellen und seine fragile
Selbstwahrnehmung zu schützen.

Schuldumkehr (D.A.R.V.O.)

D.A.R.V.O. ist eine Abkürzung für eine spezifische
Manipulationstaktik, die von der amerikanischen
Psychologieprofessorin Jennifer J. Freyd beschrieben wurde.
Der Begriff steht für **Deny, Attack, and Reverse Victim and
Offender** (Leugnen, Angreifen und Opfer-Täter-Umkehr).
Diese Technik wird häufig von Narzissten, Psychopathen und
anderen Manipulatoren angewendet, um ihre Schuld
abzuweisen und die Verantwortung auf uns zu übertragen.
Hier ist eine detaillierte Erklärung der einzelnen Schritte:

Deny (Leugnen): Narcissus Magnificus bestreitet die Vorwürfe
oder minimiert das Verhalten. Er kann behaupten, dass das
Ereignis nie stattgefunden hat oder dass das Verhalten
harmlos oder missverstanden wurde.
Attack (Angreifen): Narcissus Magnificus greift uns direkt an.
Dies kann in Form von persönlichen Beleidigungen,
Diffamierungen oder anderen Formen der Verunglimpfung
geschehen, um uns zu diskreditieren und unsere
Glaubwürdigkeit zu untergraben.
Reverse Victim and Offender (Opfer-Täter-Umkehr): Narcissus
Magnificus stellt sich selbst als das wahre Opfer dar und das
eigentliche Opfer wird zum Täter gemacht. Durch diese
Umkehrung der Rollen versucht Narcissus Magnificus,
Sympathie und Unterstützung zu gewinnen, während er uns
isoliert und unsere Position schwächt.

Die Bedeutung der Red Flag D.A.R.V.O. für uns und unsere Rolle in der Beziehung mit Narcissus Magnificus sind nicht zu unterschätzen. Darum ist es wichtig:

Erkennen und Verstehen: Das Bewusstsein für diese Taktik ist der erste Schritt, um sich dagegen zu schützen. Wenn wir erkennen, dass jemand D.A.R.V.O. anwendet, können wir besser darauf reagieren und uns weniger leicht manipulieren lassen.

Emotionaler Schutz: Zu wissen, dass diese Technik existiert und häufig verwendet wird, kann uns helfen, emotionalen Schaden zu minimieren. Wir können besser darauf vorbereitet sein, wenn wir mit solchen Manipulationstaktiken konfrontiert werden.

Strategien zur Verteidigung: Entwickeln wir klare Strategien, um mit D.A.R.V.O. umzugehen. Dazu gehört, Beweise für das schädliche Verhalten zu sammeln, Unterstützung von Freunden, Familie oder Fachleuten zu suchen und rechtliche Schritte in Erwägung zu ziehen, wenn nötig.
Grenzen setzen: Es ist wichtig, klare Grenzen zu setzen und sich nicht in Diskussionen oder Auseinandersetzungen verwickeln zu lassen, die von unserem Narcissus Magnificus initiiert werden, der D.A.R.V.O. anwendet. Eine klare Kommunikation und das Festhalten an den Fakten sind entscheidend.

Professionelle Hilfe: In schwerwiegenden Fällen kann es hilfreich sein, professionelle Hilfe in Anspruch zu nehmen, sei es durch einen Therapeuten, einen Anwalt oder andere Fachleute, die Unterstützung bieten können.

Fazit

Durch das Erkennen und Verstehen von D.A.R.V.O. können
wir uns besser gegen diese manipulativen Taktiken schützen
und unsere emotionale und psychische Gesundheit bewahren.

Spiegeln

Beim Spiegeln nutzt Narcissus Magnificus seine kalte
Empathie, um unsere tiefsten Wünsche und unerfüllten
Bedürfnisse herauszufinden und spiegelt sie uns. Auf diese
Weise erzeugt er den Eindruck, dass wir den Traummann
gefunden haben, der genauso tickt wie wir, und mit dem die
Erfüllung unserer Wünsche endlich möglich wird. Doch was
wir sehen, ist nicht echt, es ist unser eigenes Spiegelbild.

Das Spiegeln dient somit als mächtiges Werkzeug, um uns in
seine Welt der Bewunderung und Abhängigkeit zu ziehen,
während er weiterhin seine eigene Überlegenheit und
Kontrolle über die Beziehung ausbaut. Stell dir vor, du bist in
einer Beziehung mit einem Chamäleon auf Speed – so
ungefähr funktioniert das Spiegeln.

Hier sind einige Beispiele warum das Spiegeln so effektiv und
äußerst gefährlich ist:

Der Spiegelzauber: Narcissus Magnificus ist wie ein Spiegel,
der magischerweise genau das reflektiert, was wir am meisten
lieben. Wir wandern gern? Plötzlich ist Narcissus Magnificus
der passionierte Bergsteiger. Wir lieben Jazz? Plötzlich kennt
er alle Alben von Miles Davis. Er wird zu unserem perfekten
Zwilling, und wir denken: "Wow, endlich jemand, der mich
versteht!".

Der Tarnkappenmodus: Wie ein Chamäleon, das seine Farbe ändert, um sich anzupassen, nimmt Narcissus Magnificus all unsere Vorlieben, Abneigungen und Gewohnheiten an. Wir merken nicht, dass er eigentlich nur eine perfekt getarnte Version von uns selbst erstellt, um uns in seine Falle zu locken.

Das Karaoke-Duett: Er singt unser Lieblingslied genau in dem Moment, in dem wir es am meisten brauchen. Und plötzlich haben wir diese magische Verbindung. Aber während wir denken, wir sind das perfekte Duett, benutzt er nur eine Karaoke-Maschine mit voraufgezeichneten Hits.

Der Hypnotiseur: Durch das Spiegeln schafft er eine Illusion, dass wir seelenverwandt sind. Wir sind wie hypnotisiert von der "Perfektion" unserer Verbindung und bemerken nicht, dass wir nur ein Teil seines großen Manipulationsplans sind. Wir glauben, er ist unser bester Freund, unser größter Fan und unsere bessere Hälfte – aber in Wirklichkeit ist er nur der Großmeister des Hypnosetricks.

Der selbsternannte Superheld: Während er uns spiegelt und in seine Welt der Bewunderung zieht, baut er gleichzeitig sein eigenes Superhelden-Image auf. Er ist derjenige, der immer die richtigen Antworten hat, der uns "rettet" und der immer im Mittelpunkt steht. Er ist der "Narcissus-Man" mit dem Motto: "Reflektieren und kontrollieren!"

Kurz gesagt, das Spiegeln ist wie ein grandioser Zaubertrick, bei dem Narcissus Magnificus uns glauben lässt, er sei unser perfektes Gegenstück. Aber während wir in den Spiegel schauen und unser Spiegelbild sehen, merken wir nicht, dass er hinter dem Spiegel steht und die Fäden zieht. So zieht er

uns in seine Welt der Bewunderung und Abhängigkeit,
während er gleichzeitig seine Überlegenheit und Kontrolle
über die Beziehung ausbaut. Am Ende sitzen wir da und
fragen uns, wie wir in dieser verrückten Show gelandet sind,
während Narcissus Magnificus sich als Regisseur und
Hauptdarsteller feiert.

Fazit

Wenn alle Ziele, die Narcissus Magnificus mit uns teilt, aus
unserer eigenen Offenbarung entspringen, gibt es Anlass zur
Vorsicht. Denn in einer solchen Beziehung wird es nicht um
einen echten Austausch von Visionen und Werten gehen,
sondern darum, dass Narcissus Magnificus uns spiegelt, um
unsere Zuneigung oder Zustimmung zu gewinnen. Eine solche
Dynamik ist höchst manipulativ und wird das Gefühl erzeugen,
wir hätten Seelenverwandte gefunden, während in Wahrheit
nur unsere eigenen Vorstellungen geschickt zurückgeworfen
werden.

Indem Narcissus Magnificus unsere Wünsche zu seinen
eigenen macht, gibt er uns das Gefühl von Harmonie, doch in
Wirklichkeit hat er kein authentisches Interesse an diesen
Zielen. Stattdessen wird unsere Perspektive instrumentalisiert,
um seine eigene Macht oder Einflussnahme zu festigen. So
entsteht ein ungleiches Machtverhältnis, in dem unser eigenes
Streben unbewusst in den Dienst einer fremden Agenda
gestellt wird.

In diesem Zusammenhang werden ganz bewusst unsere
Sehnsüchte und Träume missbraucht, um uns in bestimmte
Verhaltensmuster zu pressen oder zu speziellen Handlungen
anzuspornen.

Stonewalling

Als „Stonewalling", auf Deutsch Steinmauer, wird die Weigerung eines Narzissten, sich an der Kommunikation und Verbindung der Beziehung zu beteiligen, bezeichnet. Drei der häufigsten Formen der Steinmauer sind Schweigen, Vermeidung von Intimität und Gaslighting.

Ein Beispiel: Wir fühlen uns von Narcissus Magnificus vernachlässigt, weil er uns viel zu oft alleine lässt. Wir wollen natürlich mit ihm darüber reden, weil es weh tut und uns auf der Seele brennt. Wir möchten herausfinden, warum er uns meidet. Er will nicht mit uns reden. Er schweigt und wirft uns vor, dass wir aus der Mücke einen Elefanten machen. Seine Taktik besteht darin, dass er schweigt, um uns zu manipulieren und zu verunsichern. Wir nehmen das Schweigen natürlich nicht hin und schon sind wir in seine Falle getappt, indem wir versuchen, uns zu rechtfertigen, für etwas, was nicht unsere Schuld ist. Er will es aber nicht hören. Egal wie sehr wir uns bemühen, ihm klar zu machen, dass das ständige Alleinsein uns traurig macht, es ist ihm egal. Also weist er uns erneut zurück.

Letztendlich fühlen wir uns gleichzeitig traurig und wütend, weil wir dazu gebracht wurden, zu denken, dass wir etwas falsch gemacht haben, aber das haben wir nicht. Der Höhepunkt seiner Gehirnwäschetaktik ist sein Verhalten, das er am Tag danach präsentiert: er tut so, als wäre nichts passiert! Er verhält sich so, als wären wir das glücklichste Paar auf Erden.

Wir fragen uns: "Was ist hier passiert?". Die Antwort lautet:
Narcissus Magnificus hat uns abgeblockt. Er hat das
Gespräch unterbrochen, bevor es überhaupt stattfinden
konnte. Er hat unsere Gefühle ignoriert und die Konversation
in die Richtung geleitet, die ihm angenehm war.

Mit seinem Verhalten hat er uns verunsichert und
traumatisiert. In normalen Beziehungen hätten wir das
Problem lösen können, wenn er zugestimmt hätte, darüber zu
sprechen. Stonewalling und die Schweigebehandlung sind die
bevorzugten Manipulationsmethoden, wenn Narcissus
Magnificus uns für etwas bestrafen will. Wir haben uns nicht
so verhalten, wie er es will.

Unsere Gedanken haben Narcissus Magnificus erschreckt. Er
hat Angst bekommen, dass wir, wenn wir erst einmal
realisieren, dass wir etwas so viel Besseres verdient haben,
den Narzissten verlassen werden und somit die Quelle seiner
narzisstischen Befriedigung gefährden wird. Er hat Angst,
dass wir ihm nicht mehr das geben, was er braucht, um
weitermachen zu können. Deswegen muss er uns unbedingt
bestrafen und emotional zerstören, um uns zu bremsen, uns
an der kurzen Leine zu halten. Das Ziel unseres Narcissus
Magnificus ist, uns zu erniedrigen und sich die absolute
Kontrolle über uns zu sichern. Er will, dass wir uns neben ihm
bedeutungslos fühlen. Er spielt mit unserer Wahrnehmung,
unserem Verstand, um unser Selbstvertrauen zu zerstören, so
dass wir leicht manipulierbar und kontrollierbar sind. Er will,
dass wir unsichtbar sind!

Wir wollen aber weder unsichtbar sein noch uns schlecht
fühlen, also kapitulieren wir, gehen auf Narcissus Magnificus
wieder zu und bitten ihn um Aufmerksamkeit. Wir wollen für

ihn wieder sichtbar sein. Und genau das war sein Plan, uns dazu zu bringen, ihn zu bitten, wieder sichtbar zu sein. Jetzt sind wir wieder leicht zu kontrollieren, Narcissus Magnificus hat wieder die Macht über uns und sein Seelenfrieden ist wiederhergestellt.

Und wir? Wir können total verzweifelt sein, am Tisch sitzen und weinen, seine Unterstützung so sehr brauchen, mit ihm reden wollen, all das interessiert ihn nicht. Er wird uns eiskalt ignorieren und uns, wenn ihm unser Drama zu viel wird, komplett aus seinem Leben ausschließen.

Er kann unseren Kummer nicht verstehen. Er wird sich vernachlässigt fühlen und uns die Schuld für die bestehende, unangenehme Situation geben und umso mehr wir das Gespräch suchen, umso mehr zieht er sich zurück. Er wird uns angreifen, weil wir deprimiert sind und uns nicht darum kümmern, wie es ihm geht. Er ist das Opfer und wir Frauen haben gefälligst zu funktionieren. Er braucht eine Reaktion von uns, egal ob positiv oder negativ. Er braucht eine frische Dosis seiner narzisstischen Zufuhr. Er möchte, dass wir reagieren. Er muss sich nicht ändern. Diese Aufgabe müssen wir erledigen. Er ist so in Ordnung wie er ist und was noch wichtiger ist, seine Kommunikation mit uns ist auf einem toxischen Niveau, weil er es so will! Er möchte, dass wir uns emotional ausgelaugt fühlen.

Fazit

Stonewalling ist eine ganz bittere Manipulationstaktik und wird von Narcissus Magnificus bewusst und sorgfältig eingesetzt, um uns klein zu machen und uns das Gefühl zu geben, wertlos und nutzlos zu sein. Wie oft hat er uns schon belogen, betrogen und letztendlich, wenn wir eine Klärung des Problems angestrebt haben, ignoriert? Wie oft hat er uns aus seinem Leben verbannt? Er spielt mit uns ein grausames Spiel und wenn wir es zulassen, wird er es immer und immer wieder tun, wann immer er will. So kontrolliert uns Narcissus Magnificus mit Steinmauern.

Diese klassischen Red Flags sind wichtige Hinweise darauf, dass wir uns möglicherweise in einer toxischen Beziehung mit einem Narcissus Magnificus befinden. Es ist wichtig, diese Signale frühzeitig zu erkennen und entsprechende Maßnahmen zu ergreifen, um unsere eigene emotionale und psychische Gesundheit zu schützen.

Leider sind das nur die klassischen Red Flags, aber Narcissus Magnificus kann auf einer noch viel subtileren Ebene operieren. Seine Warnsignale sind oft in Charme, Großzügigkeit und scheinbarer Empathie verpackt, sodass wir zunächst nicht erkennen, dass wir manipuliert werden. Er zeigt sich als idealer Partner, während er unmerklich unsere Selbstwahrnehmung und Unabhängigkeit untergräbt. Die Gefahr liegt nicht in offensichtlicher Kontrolle, sondern in der feinsinnigen Art, wie er uns emotional abhängig macht und unser Vertrauen ausnutzt, um seine eigene Überlegenheit zu bewahren. Hier einige feinere Warnsignale, auf die Narcissus Magnificus spezialisiert ist:

Perfektionierte Charme-Offensive: Narcissus Magnificus schafft es, auf besonders eindrucksvolle Weise charmant, bewundernswert und charismatisch zu wirken. Er präsentiert sich als überragend und unwiderstehlich, oft auch in sozialen Kreisen. Dies kann dazu führen, dass wir uns geehrt fühlen, in seiner Nähe zu sein, während er uns unmerklich in eine Abhängigkeitsbeziehung führt.

Elitäre Überlegenheit: Narcissus Magnificus vermittelt nicht nur, dass er außergewöhnlich ist, sondern er tut dies auf eine subtile Weise. Wir werden in Diskussionen das Gefühl bekommen, dass seine Sichtweise immer die bessere ist, und wir merken nicht sofort, wie unser Selbstwertgefühl untergraben wird, indem wir als weniger kompetent dargestellt werden.

Emotionales Ping-Pong: Statt offensichtlicher Manipulation oder Aggression zeigt Narcissus Magnificus oft eine ambivalente Dynamik: Er gibt uns gelegentlich das Gefühl, unglaublich wertvoll zu sein, nur um uns kurze Zeit später emotional "hängen" zu lassen. Dieses Wechselspiel erzeugt Abhängigkeit und Unsicherheit, da wir ständig versuchen, das hohe Niveau der Zuwendung wieder zu erreichen.

Diskrete Entwertung anderer: Narcissus Magnificus entwertet andere Menschen nicht direkt und auffällig, sondern auf subtile Weise. Er wird vielleicht bewundernde Kommentare abgeben, die jedoch gleichzeitig leise Vergleiche anstellen, um andere schlecht dastehen zu lassen – ohne dass wir es sofort bemerken. Diese subtilen Spitzen sind schwer zu fassen, aber sie fördern das Gefühl der Überlegenheit und isolieren uns emotional von unserem Umfeld.

Verdeckte Manipulation durch Großzügigkeit: Narcissus Magnificus kann außergewöhnlich großzügig sein – aber die Großzügigkeit kommt mit Bedingungen. Wir bekommen vielleicht Geschenke, Aufmerksamkeit oder besondere Privilegien, die allerdings langfristig dazu dienen, uns emotional und psychologisch zu binden. Es geht dabei nicht um die Zuwendung selbst, sondern um das Erzeugen einer subtilen Abhängigkeit.

Empfindlichkeit gegenüber Kritik: Narcissus Magnificus lässt sich selten direkt beleidigen oder kritisieren, reagiert aber extrem feinfühlig auf die kleinste Infragestellung seiner Überlegenheit. Statt einer offensichtlichen Aggression könnte er sich durch intellektuelle Überlegenheit oder subtile Abwertung verteidigen, sodass wir uns schuldig fühlen, ihn hinterfragt zu haben.

Die Maske des Altruismus: Narcissus Magnificus kann sich als selbstlos und hilfsbereit darstellen, immer bereit, anderen zu helfen oder sich für eine gute Sache einzusetzen. Doch diese Altruismus-Maske dient primär dazu, Bewunderung zu erzeugen und seinen Ruf zu pflegen, während die eigentliche Motivation egoistisch bleibt. Wir merken erst viel zu spät, dass diese "Hilfe" mit versteckten Erwartungen verbunden ist.

Feinsinnige emotionale Erpressung: Anstatt uns offen zu bedrohen oder emotional zu erpressen, wird Narcissus Magnificus eine subtile Form der Schuldgefühle einsetzen. Er wird uns das Gefühl geben, dass wir ihn enttäuscht haben oder dass wir ihm nicht die Anerkennung geben, die er "verdient", ohne es direkt zu formulieren. Dadurch fühlen wir uns gezwungen, ihm mehr Zuwendung oder Aufmerksamkeit zu schenken.

Inszenierte Empathie: Narcissus Magnificus versteht es oft, scheinbar empathisch zu wirken. Er zeigt in bestimmten Momenten das perfekte Maß an Zuwendung und Verständnis – gerade genug, um dein Vertrauen zu gewinnen. Doch diese

Empathie ist oberflächlich und oft berechnend, um dich
emotional zu kontrollieren und deine Abhängigkeit zu stärken.

Meisterhafte Selbstdarstellung in der Öffentlichkeit: Narcissus
Magnificus versteht es, in der Öffentlichkeit eine perfekte
Fassade aufrechtzuerhalten. Er zeigt sich stets als
charmanter, großzügiger und bewunderungswürdiger Mann,
sodass andere ihn als Vorbild ansehen. Das macht es für uns
besonders schwer, hinter dieser Fassade die Manipulation und
Kontrolle zu erkennen, weil er auch von anderen als
"großartig" wahrgenommen wird.

Diese subtileren Warnzeichen sind oft schwieriger zu
erkennen, weil sie in einer scheinbar perfekten und
"großartigen" Verpackung daherkommen. Dennoch sind sie
Anzeichen dafür, dass eine Beziehung auf manipulativen,
egoistischen Motiven basiert und letztendlich toxisch ist.

Fazit

Stonewalling ist eine destruktive Kommunikationsmethode, bei
der eine Person absichtlich Gespräche blockiert, Emotionen
ignoriert oder sich komplett zurückzieht. Langfristig führt
Stonewalling zu Frustration, Entfremdung und möglicherweise
dem Ende der Beziehung, wenn kein konstruktiver Umgang
mit Problemen gefunden wird. Offene Kommunikation und
gegenseitiges Zuhören sind entscheidend, um solche
Barrieren zu überwinden.

Literatur / Quellen

1. "Psychopath Free" by Jackson MacKenzie. Dieses
    Buch bietet Überlebenden von psychopathischem
    Missbrauch Hoffnung und Heilung. Es erklärt, wie man
    aus der Chaos-Selbstzweifel-Opferrolle herauskommt
    und frei wird. Es behandelt nicht nur psychopathischen,
    sondern auch narzisstischen Missbrauch, und ist voll
    von lebensveränderndem Wissen und Ermutigung.
2. "The Covert Passive Aggressive Narcissist" by Debbie
    Mirza. Ein umfassender Leitfaden über verdeckten
    Narzissmus, der eine der schädlichsten Formen des
    Missbrauchs ist, da der Missbrauch so versteckt und
    heimtückisch ist. Das Buch bietet Einblicke in die
    emotionale und psychologische Kontrolle und
    Manipulation durch verdeckte Narzissten und wie man
    Heilung findet.
3. "Should I Stay or Should I Go" by Lundy Bancroft and
    JAC Patrissi. Ein Überlebenshandbuch und Leitfaden
    für diejenigen, die in missbräuchlichen Beziehungen
    gefangen sind. Es hilft zu erkennen, ob eine
    Veränderung möglich ist, und bietet Strategien, um aus
    solchen Beziehungen herauszukommen und gesund
    weiterzuleben.
4. "Red Flag: 50 Warning Signs of Narcissistic Seduction"
    by Lisette Schuitemaker. Dieses Buch identifiziert 50
    Warnzeichen narzisstischer Verführungstechniken. Es
    erklärt, wie Narzissten unsere empathischen
    Eigenschaften ausnutzen und warum wir oft die
    Anzeichen ignorieren. Es ist aus der Perspektive eines
    Narzissten geschrieben und bietet tiefgehende
    Einblicke in deren Manipulationstaktiken.

5. "The Human Magnet Syndrome" by Ross Rosenberg.
    Dieses Buch hilft Lesern zu verstehen, warum sie sich
    immer wieder in schädliche Beziehungen mit
    Narzissten verlieben. Es bietet sowohl Laien als auch
    Fachleuten Inspiration und Anleitungen, um aus diesen
    destruktiven Mustern auszubrechen

Spielchen

„Der Löwe ist am schönsten, wenn er auf der Suche nach
Futter ist"
Rumi

Narcissus Magnificus spielt seine Spielchen aus
verschiedenen Gründen, die tief in seiner Psyche verwurzelt
sind. Dieser Mann sieht Beziehungen als transaktionale
Verhältnisse, in denen er den größten Nutzen mit dem
geringsten Aufwand herausholen möchte. Emotionen sind für
ihn nur Mittel zum Zweck. Narcissus Magnificus wird durch
einen tief verwurzelten Mangel an Selbstwertgefühl und die
Notwendigkeit, sich durch die Bestätigung und Bewunderung
anderer zu validieren, angetrieben.

Typischen Spielchen und ihre Auswirkungen sind:

86

Gaslighting: Eine der berüchtigtsten Taktiken, die Narcissus Magnificus anwendet, ist das Gaslighting. Dabei sät er Zweifel in unseren Köpfen, sodass wir beginnen, unsere eigene Wahrnehmung der Realität in Frage zu stellen. Aussagen wie "Du bist zu sensibel" oder "Du übertreibst" sind klassische Beispiele, die dazu führen, dass wir unsere eigene Wahrnehmung in Zweifel ziehen.

Guilt-Tripping: Hierbei verwendet Narcissus Magnificus Schuldgefühle, um unser Verhalten zu kontrollieren. Er stellt sich selbst als Opfer dar und suggeriert, dass er emotionalen Schmerz erleiden, wenn seine Wünsche nicht erfüllt werden. Dies kann uns in eine Position bringen, in der wir ständig versuchen, unseren Narcissus Magnificus glücklich zu machen.

Triangulation: Diese Taktik beinhaltet die Einführung einer dritten Person in die Beziehung, um Eifersucht und Unsicherheit zu schüren. Unser Narzisst kann plötzlich von einem Ex-Partner oder einem neuen Freund schwärmen, um uns zu verunsichern und unsere Aufmerksamkeit und Bemühungen, ihm zu gefallen, zu steigern.

Silent Treatment: Wenn Narcissus Magnificus nicht seinen Willen bekommt, zieht er sich oft emotional zurück und verweigert jegliche Kommunikation. Dies schafft eine Atmosphäre der Angst und Unsicherheit, in der wir beständig bemüht sind, den Narzissten wieder zu besänftigen.

Isolation: Narcissus Magnificus versucht, uns von Freunden und Familie zu isolieren, um seine Kontrolle zu maximieren. Sie entmutigen soziale Kontakte und schaffen Konflikte, um sicherzustellen, dass wir nur noch den Narzissten als emotionale Stütze haben.

Die ständige Manipulation und der emotionale Missbrauch durch Narcissus Magnificus werden gravierende Auswirkungen auf unsere geistige und körperliche Gesundheit haben. Wir erleben oft:

1. Erhöhte Angst und Stress: Die ständige Unsicherheit und das Gefühl, auf Eierschalen zu laufen, können zu chronischem Stress und Angstzuständen führen.
2. Niedriges Selbstwertgefühl: Die ständige Kritik und das Infragestellen unserer eigenen Wahrnehmung schwächen das Selbstwertgefühl.
3. Isolation: Durch die Entfremdung von Freunden und Familie verlieren wir unser Unterstützungssystem und fühlen uns einsam und isoliert.

Für Narcissus Magnificus ist das Leben ein Spiel, bei dem es darum geht, gut auszusehen, bewundert und verehrt zu werden. Beziehungen, Freundschaften oder gar Partnerschaften dienen ihm dazu, diese Bewunderung zu erhalten, anstatt wahre emotionale Bindungen einzugehen. In dieser Dynamik sind wir Frauen nur so lange von Bedeutung, wie wir seine Bedürfnisse nach Anerkennung erfüllen oder ihn in einem positiven Licht erscheinen lassen. Sobald dieser Nutzen nachlässt, wird das Interesse an der Beziehung schwächer, oder sie wird komplett abgebrochen.

Narcissus Magnificus vermeidet es bewusst, in die Tiefe zu gehen, da tiefere emotionale Bindungen für ihn potenziell riskant sind. Sie könnten dazu führen, dass er sich mit seinen eigenen Unsicherheiten, Schwächen oder Defizite

konfrontieren müsste, was seinem Idealbild widerspricht.
Stattdessen bevorzugt er die Kontrolle über die Beziehung,
indem er die Dynamik bestimmt und alles, was nicht zu
seinem Vorteil gereicht, ausblendet oder ignoriert.

Dies führt dazu, dass die Frauen in seinem Umfeld
ausgebeutet werden. Sie investieren Zeit und Energie, um
eine echte Verbindung aufzubauen, während Narcissus
Magnificus sich nur um seinen eigenen Nutzen kümmert.
Sobald wir ihm keine ausreichende Bewunderung oder
Aufmerksamkeit mehr schenken, werden wir eiskalt fallen
gelassen, als hätte wir nie eine Bedeutung in seinem Leben
gehabt.

Letztlich bleiben wir Frauen in einer Beziehung mit Narcissus
Magnificus emotional ausgelaugt und enttäuscht zurück, weil
wir feststellen mussten, dass wir nie als gleichwertige Partner
gesehen wurden. Unsere Wünsche und Gefühle wurden
ignoriert, da es Narcissus Magnificus immer nur um sich selbst
ging. Tiefgehende Beziehungen, die auf gegenseitiger
Unterstützung und ehrlichem Interesse basieren, sind für ihn
uninteressant, da sie nicht mit seinem narzisstischen
Bedürfnis nach Bewunderung vereinbar sind.

Fazit

Narcissus Magnificus spielt seine Spielchen aus tief
verwurzelten psychologischen Bedürfnissen heraus, die auf
Unsicherheit und einem Mangel an echtem Selbstwert
beruhen. Diese Spielchen können unser Leben erheblich
belasten, doch durch Verständnis, klare Grenzen und
Selbstfürsorge können wir lernen, uns zu schützen und unser
eigenes Leben zurückzugewinnen. Bleiben wir stark und

setzen unsere Bedürfnisse und unser Wohlbefinden an erste
Stelle.

Literatur/ Quellen

1. Attached: The New Science of Adult Attachment and
    How It Can Help You Find – and Keep – Love" von
    Amir Levine und Rachel Heller. Obwohl dieses Buch
    sich nicht ausschließlich auf Narzissmus konzentriert,
    bietet es wertvolle Einblicke in verschiedene
    Bindungsstile, einschließlich solcher, die bei Narzissten
    häufig vorkommen, die oft Vermeidungsverhalten und
    Bindungsängste zeigen.
2. "Disarming the Narcissist: Surviving and Thriving with
    the Self-Absorbed" von Wendy T. Behary. Dieses Buch
    enthält Abschnitte, die speziell die
    Vermeidungstendenzen und die damit verbundenen
    Bindungsängste von Narzissten behandeln.
3. "The Human Magnet Syndrome: The Codependent
    Narcissist Trap" von Ross Rosenberg. Rosenberg
    diskutiert, wie Narzissten und Menschen mit anderen
    Bindungsstilen in Beziehungen interagieren, oft durch
    eine Dynamik geprägt von Bindungsangst.

Selbstviktimisierung

„Wie ausgehungert musst du gewesen sein, dass mein Herz zu einer Mahlzeit für dein Ego wurde." – Amanda Torroni

Narcissus Magnificus ist ein wahres Meisterwerk der Selbstviktimisierung. Sein Unvermögen, sich in andere hineinzuversetzen, kombiniert mit seiner festen Überzeugung, stets das Opfer zu sein, könnte direkt aus einem absurden Theaterstück stammen. In dieser Betrachtung, meine lieben Leserinnen, werfen wir einen Blick auf die Gründe, warum Narcissus Magnificus diese Taktik nutzt, welche Vorteile er sich davon verspricht und welche Folgen dies für uns, die wir das zweifelhafte Vergnügen haben, mit ihm in einer Beziehung zu sein, mit sich bringt.

Selbstviktimisierung ist für Narcissus Magnificus nicht nur ein Hobby, sondern eine Lebensphilosophie. Aber warum setzt er auf diese Taktik?

Unendliche Aufmerksamkeit: Indem er sich als Opfer darstellt, zieht er stets das Rampenlicht auf sich. Er liebt es, im Zentrum der Aufmerksamkeit zu stehen, und was eignet sich besser dafür, als sich selbst in die Rolle des leidenden Helden zu manövrieren?
Entschuldigung für jedes Verhalten: Wenn man immer das Opfer ist, braucht man sich für nichts zu rechtfertigen. Warum sollte man sich entschuldigen, wenn die Welt so gemein zu einem ist? Es ist die perfekte Ausrede, um jegliche Verantwortung von sich zu weisen.
Machtspielchen: Indem unser Narcissus Magnificus sich als Opfer präsentiert, kann er emotionale Manipulation betreiben. Er zwingt uns in die Rolle der Retterin oder Schuldigen, je nachdem, was ihm gerade mehr nützt.

Durch die Selbstviktimisierung erhofft sich Narcissus Magnificus eine ganze Reihe von Vorteilen, die ihm das Leben einfacher und vor allem angenehmer machen sollen. Wie zum Beispiel:

1. Ungeteilte Aufmerksamkeit: Narcissus Magnificus genießt es, wenn sich alles um ihn dreht. Jede Träne, die er vergießt, wird zur kostbaren Perle unserer Aufmerksamkeit.
2. Kontrolle und Macht: Er hat die Oberhand in jeder Beziehung, indem er sich als das schwache Opfer darstellt, das gerettet werden muss. Dies gibt ihm die

Macht, die Handlungen und Reaktionen anderer zu
steuern.
3. Freibrief für Fehlverhalten: Kein schlechtes Gewissen,
keine Reue. Warum sollte man auch? Schließlich ist
man immer das Opfer, nie der Täter. Das ist eine
bequeme Position, aus der man jedes eigene
Fehlverhalten rechtfertigen

Selbst wenn es so aussieht, als hätte Narcissus Magnificus die
Opferrolle unbeabsichtigt übernommen, ist das nicht wahr. Um
die Rolle des Opfers zu übernehmen, muss man über
zahlreiche Taktiken verfügen. Das sind die Lieblingsmoves
unseres Narcissus Magnificus:

- Falsche Tränen oder gar keine Tränen.
- Traurige Geschichten erzählen,
- Details betonen, die garantiert Emotionen bei uns
  auslösen.
- So tun, als würde er sich Sorgen um uns machen.
- Exzessive Körpergestik (z.B. Hände in der Luft) oder
- auf sich selbst zeigen, um den Fokus auf sich selbst zu
  behalten

Die meisten dieser Gesten entsprechen dem Verhalten wahrer
Opfer, aber Vorsicht, Narcissus Magnificus nutzt diese
Taktiken, um uns zu manipulieren.

Aber die wahren Opfer in diesem Drama ist nicht Narcissus
Magnificus, sondern wir, seine treuen Begleiterinnen. Was
bedeutet es für uns, in einer Beziehung mit dem Meister der
Selbstviktimisierung zu sein?

1. Emotionaler Burnout: Ständig die Retterin spielen zu
   müssen, ist ermüdend. Unsere Energie wird
   aufgebraucht, während wir versuchen, die unendlichen
   emotionalen Bedürfnisse unseres Narcissus Magnificus
   zu stillen.
2. Selbstzweifel und Schuldgefühle: Da unser Narcissus
   Magnificus uns oft die Schuld für seine Probleme gibt,
   beginnen wir, an uns selbst zu zweifeln und uns für
   Dinge verantwortlich zu fühlen, die außerhalb unserer
   Kontrolle liegen.
3. Verlust der eigenen Identität: In der ständigen
   Bemühung, dem Narcissus Magnificus zu gefallen und
   zu helfen, verlieren wir leicht den Blick auf unsere
   eigenen Bedürfnisse und Wünsche. Wir werden zu
   Statisten in seinem grandiosen Drama.

Die Selbstviktimisierung des Narcissus Magnificus ist eine
Taktik, die ihm zahlreiche Vorteile bringt, aber für uns, seine
Mitmenschen, erhebliche Konsequenzen hat. Mit Humor
betrachtet, können wir vielleicht einen Weg finden, mit diesem
Verhaltensmuster umzugehen, ohne dabei unseren eigenen
Verstand zu verlieren. Schließlich ist das Leben mit einem
Narcissus Magnificus wie eine nie endende Seifenoper – man
muss nur lernen, die komischen Momente zu schätzen.

Fazit

Wichtig ist, dass wir möglichst bei Verstand und mit beiden
Füßen fest auf dem Boden bleiben. Nur so können wir die
permanenten Attacken unseres Narzissten und sein
"Rumopfern" überstehen.

Literatur / Quellen

1. "Disarming the Narcissist: Surviving and Thriving with the Self-Absorbed" von Wendy T. Behary. Dieses Buch bietet einen pragmatischen Ansatz im Umgang mit Narzissten. Behary nutzt Techniken der Schematherapie, um Lesern zu helfen, die Denkweise von Narzissten zu verstehen und ihre manipulativen und verletzenden Verhaltensweisen zu entschärfen. Es ist besonders nützlich für Menschen, die weiterhin Beziehungen mit Narzissten pflegen müssen, sei es im privaten oder beruflichen Umfeld.
2. "Recovery from Narcissistic Abuse, Gaslighting, Codependency and Complex PTSD" von Linda Hill. Dieses Buch behandelt die komplexen psychologischen Auswirkungen des narzisstischen Missbrauchs, einschließlich Gaslighting und Co-Abhängigkeit. Hill bietet praktische Schritte zur Erkennung dieser Effekte und zur Genesung. Es geht auch auf das Konzept von komplexem PTSD ein, das aus langanhaltenden traumatischen zwischenmenschlichen Beziehungen resultieren kann
3. "The Narcissist's Airtight Victim Narrative" von Julie L. Hall. Dieses Buch beleuchtet, wie narzisstische Personen eine Opferrolle einnehmen, um Kontrolle über andere zu erlangen und Verantwortung für ihr opportunistisches und missbräuchliches Verhalten zu vermeiden. Es beschreibt die manipulative Strategie der narzisstischen Selbstviktimisierung und deren Auswirkungen auf Beziehungen und Gemeinschaften.

Selbstmitleid

Narcissus Magnificus ist nicht nur ein Meister der Selbstviktimisierung, sondern auch ein wahrer Virtuose im Jammern und Selbstmitleid. Seine deprimierte Grundstimmung und die ständige Neigung zum Selbstmitleid machen ihn zu einem tragikomischen Helden unserer alltäglichen Dramen. In dieser Betrachtung erkunden wir, warum unser narzisstischer Protagonist diese Taktik nutzt, welche Vorteile er sich davon verspricht und welche Folgen dies für uns hat, die wir mit ihm in einer Beziehung leben.

Selbstmitleid ist für Narcissus Magnificus nicht nur ein gelegentliches Vergnügen, sondern ein Lebenselixier. Aber warum greift er so häufig zu dieser Taktik?

Dauerhaftes Publikum: Jammern und Selbstmitleid sind hervorragende Mittel, um die Aufmerksamkeit seiner Mitmenschen zu sichern. Wer kann schon wegschauen, wenn das Drama so überzeugend inszeniert wird?
Gefühl der Wichtigkeit: Indem Narcissus Magnificus sich ständig als das am meisten gequälte Wesen darstellt, erhebt er sich in seiner eigenen Vorstellung auf eine tragische, fast heroische Ebene. Er ist der unerkannte Held seines eigenen Epos.

Vermeidung von Verantwortung: Wenn Narcissus Magnificus sich selbst bemitleidet, muss er keine Verantwortung für seine Taten übernehmen. Es ist immer unsere Schuld oder der Umstände – ein perfekter Weg, um sich aus der Schusslinie zu ziehen.

Unerschöpfliches Mitgefühl: Er profitiert von unserer ständigen Zuwendung und unserem Mitleid. Jede Träne, die er vergießt, wird zur Quelle neuer Aufmerksamkeit und Fürsorge.

Emotionale Kontrolle: Indem er sich als Opfer darstellt, kann er uns emotional manipulieren und steuern. Er zwingt uns dazu, uns um ihn zu kümmern und seine Bedürfnisse über unsere eigenen zu stellen.
Legitimation des Pessimismus: Sein ständiges Jammern rechtfertigt seine negative Weltsicht. Wer würde ihn schon für seinen Pessimismus kritisieren, wenn er doch so viel leidet?

Was bedeutet es für uns, in einer Beziehung mit einem selbstmitleidigen Narzissten zu sein?

Ermüdende Geduld: Unsere Geduld wird auf eine harte Probe gestellt. Das ständige Jammern und die endlosen Klagen zehren an unseren Nerven und unserer Energie.

Verlorene Lebensfreude: In der düsteren Welt des Narcissus Magnificus gibt es wenig Platz für Lachen und Freude. Seine depressive Grundstimmung färbt auf uns ab und macht es schwer, die schönen Seiten des Lebens zu genießen.

Emotionale Erschöpfung: Das ständige Bemühen, seinen unendlichen Durst nach Mitgefühl zu stillen, kann uns emotional auslaugen. Wir geraten in einen Teufelskreis aus Geben und Geben, ohne jemals etwas zurückzubekommen.

Fazit

Da sich Narcissus Magnificus stets ungerecht behandelt fühlt, hat er eine deprimierte Grundstimmung (ich habe meinen Narcissus Magnificus nie lachen gehört) und neigt zum Jammern und Selbstmitleid. Durch die Opferrolle versucht Narcissus Magnificus, das zu bekommen, was für ihn die höchste Priorität ist: Aufmerksamkeit und Bestätigung.

Literatur / Quellen

1. "Rethinking Narcissism: The Secret to Recognizing and Coping with Narcissists" von Craig Malkin. Malkin führt das Konzept des „gesunden Narzissmus" ein und erklärt, wie es sich von destruktivem narzisstischen Verhalten unterscheidet. Das Buch bietet Strategien zum Erkennen und Umgang mit Narzissten, sowohl im persönlichen Umfeld als auch am Arbeitsplatz, und

betont dabei Verständnis statt Verteufelung.
2. "The Narcissist's Airtight Victim Narrative" von Julie L. Hall. Dieses Buch untersucht, wie Narzissten ihre Erfahrungen als ungerecht darstellen und die Opferrolle einnehmen, um Kontrolle über andere zu erlangen und Verantwortung für ihr Verhalten zu vermeiden. Es beleuchtet die manipulative Strategie der narzisstischen Selbstviktimisierung und deren Auswirkungen auf Beziehungen.
3. "Narcissists, Sociopaths, And The 'Pity Play'" von Dr. Martha Stout. Stout erklärt, wie Narzissten und Soziopathen die Opferrolle nutzen, um Mitleid und Unterstützung zu erhalten, oft auf Kosten der wahren Opfer. Das Buch bietet tiefgehende Einblicke in die manipulativen Taktiken dieser Persönlichkeiten und deren Auswirkungen auf die Menschen um sie herum.

Selbstoptimierung

Meine lieben Leserinnen, in der heutigen Gesellschaft hat das Streben nach Selbstoptimierung einen nahezu religiösen Status erreicht. Wir leben in einer Ära, in der persönlicher Erfolg und Perfektion in allen Lebensbereichen nicht nur angestrebt, sondern regelrecht erwartet werden. Parallel dazu hat der Narzissmus eine besorgniserregende Blütezeit erlebt, befeuert durch soziale Medien und den ständigen Druck, sich von seiner besten Seite zu präsentieren. Im digitalen Zeitalter hat sich der Narzissmus in neuen Formen manifestiert, insbesondere durch soziale Medien. Plattformen wie Instagram, Facebook und TikTok bieten eine Bühne für Selbstdarstellung und die Möglichkeit, kontinuierliche Bestätigung in Form von Likes und Kommentaren zu erhalten. Diese virtuelle Anerkennung kann süchtig machen und einen Teufelskreis aus Selbstdarstellung und Bedürfnis nach

Bestätigung in Gang setzen.

Selbstoptimierung ist der Prozess, bei dem Individuen kontinuierlich an sich arbeiten, um ihre physischen, mentalen und sozialen Fähigkeiten zu verbessern. In unserer Gesellschaft wird dieser Prozess oft als tugendhaft und erstrebenswert dargestellt. Fitnessprogramme, Diäten, Achtsamkeitstraining und berufliche Weiterbildung sind nur einige Beispiele für Maßnahmen, die zur Selbstoptimierung beitragen sollen. Doch was auf den ersten Blick wie ein positives Streben nach Selbstverbesserung aussieht, kann schnell in einen zwanghaften und selbstzerstörerischen Kreislauf münden.

Die Verbindung zwischen Narzissmus und Selbstoptimierung ist komplex und vielschichtig. Einerseits kann das Streben nach Selbstoptimierung durch narzisstische Tendenzen angetrieben werden. Personen, die ein starkes Bedürfnis nach Bewunderung und Anerkennung haben, neigen dazu, besonders großen Wert auf ihr äußeres Erscheinungsbild und ihre sozialen Erfolge zu legen. Sie nutzen Selbstoptimierung als Mittel, um ihre narzisstischen Bedürfnisse zu befriedigen und sich von anderen abzuheben.

In der Welt der sozialen Medien ist nichts so, wie es scheint. Nehmen wir unseren Protagonisten Narcissus Magnificus, einen ehemals arbeitslosen Trinker, der durch eine wundersame Transformation zum Beamten für öffentliche Sicherheit wurde. Doch hinter seiner glänzenden Fassade verbirgt sich eine Realität, die man besser mit einem Filter betrachtet. Willkommen in der Welt von Narcissus Magnificus, dem Meister der digitalen Selbstoptimierung.

Narcissus Magnificus war einst der König der Kneipe, bekannt
für seine Fähigkeit, endlose Mengen Bier zu konsumieren und
Zigaretten zu rauchen, als gäbe es kein Morgen. Doch eines
Tages beschließt er, sein Leben zu ändern – zumindest auf
Facebook und Badoo. Mit ein paar Klicks und gut platzierten
Fotos beginnt die Metamorphose: Aus dem trinkenden Loser
wird ein vorbildlicher Beamter für öffentliche Sicherheit. Das
bedeutet, in den sozialen Medien präsentiert sich Narcissus
Magnificus als vorbildlicher Bürger. Sein Facebook-Profil zeigt
Bilder von ihm, immer freundlich, adrett und nett anzuschauen.
In seiner Bio steht: "Selten trinkend, Nichtraucher, hilfsbereit
und sozial engagiert.".

Doch die Realität sieht anders aus. Hinter den Kulissen bleibt
Narcissus Magnificus seinem alten Lebensstil treu. Er trinkt,
wann immer er kann, und raucht so starke Zigaretten, die
selbst den Rauchmelder zum Husten bringen. Er tischt jedem,
der es hören und auch nicht hören will, Geschichten von
seinem nicht vorhandenen Job auf und stellt sich, trotz
mehrerer Eigentumsdelikte, als äußerst solide dar. Er postet
Fotos von alkoholfreien Cocktails und Wellness-
Wochenenden, die er in Wirklichkeit nie besucht hat. Seine
Followers sind beeindruckt von seiner vermeintlichen Disziplin
und bewundern seinen „gesunden" Lebensstil. Seine grauen
Haare, die genauso unecht sind wie der ganze Mann, hat er
natürlich von vielen Arbeiten.

Narcissus Magnificus ist nicht nur ein Meister der digitalen
Selbstoptimierung, sondern auch ein gewiefter Betrüger. Er
lügt und betrügt, um sich in einem besseren Licht darzustellen.
Die angeblichen Charité-Events, an denen er teilnimmt?

Gefälscht. Die herzlichen Posts über seine "noble" Arbeit?
Erfundene Geschichten, um Likes zu sammeln und
Sympathien zu gewinnen. Er inszeniert sich als liebenswert
und sozial, während er in Wahrheit jede Gelegenheit nutzt, um
seine eigenen Interessen voranzutreiben. Narcissus
Magnificus ist der Inbegriff des narzisstischen
Selbstdarstellers, der die sozialen Medien als Bühne für seine
eigene Verherrlichung nutzt und Narcissus Magnificus hat nur
ein Ziel: Er will uns Frauen in seine Falle locken. Mit seinem
charmanten Auftreten und seiner perfekt inszenierten Online-
Präsenz gewinnt er unser Vertrauen. Wir Frauen, verblendet
von seiner scheinbaren Authentizität, fallen reihenweise auf
seine Tricks herein. Wir verehren ihn und erliegen seinem
oberflächlichen Charme, während Narcissus Magnificus sich
ins Fäustchen lacht.

Aber wie das Schicksal so will, holt selbst die besten Täuscher
irgendwann die Realität ein. Nachdem uns Narcissus
Magnificus in seiner Freundesliste eingefügt hat, meldet sich
garantiert irgendwann eine Ex-Partnerin von ihm, die
Narcissus Magnificus wahres Ich kennt und nicht bereit ist,
weiterhin zuzusehen, wie er uns Frauen in seine Falle lockt.
Und dies ist der Moment, den wir nicht ignorieren sollten.
Hören wir erst die wahre Geschichte unseres Narcissus
Magnificus, schmilzt sein Charme wie Schnee in der Sonne
dahin. Er wird uns vor den Frauen warnen, die uns warnen
wollen! Hören wir ihnen zu und stellen wir skeptische Fragen.
Mit jedem entlarvten Detail verliert Narcissus Magnificus an
Glaubwürdigkeit, und sein so perfektes Image zerbricht.
In der Stille der Nacht ist dann nur noch das leise Kichern von
Narcissus Magnificus selbst zu hören. Denn trotz seiner
Enttarnung kann er nicht anders, als über seine eigene

Tollkühnheit zu lachen. Er hat sich selbst überschätzt und seine Täuschungen haben ihn eingeholt. Doch in seinem Herzen weiß er, dass er niemals wirklich aufhören wird, es zu versuchen. Denn in der Welt von Narcissus Magnificus ist das Spiel der Täuschung niemals vorbei. Es ist eine endlose Reise der Selbstoptimierung, der Illusionen und der immer wiederkehrenden Herausforderung, die nächste große Lüge zu erschaffen.

Fazit

Narzissmus und Selbstoptimierung sind zwei Phänomene, die in unserer Gesellschaft eng miteinander verknüpft sind. Beide spiegeln das zunehmende Bedürfnis wider, sich selbst darzustellen und zu perfektionieren, oft auf Kosten der eigenen psychischen Gesundheit und zwischenmenschlicher Beziehungen. Es ist an der Zeit, ein Gleichgewicht zu finden und die Werte von Selbstakzeptanz und authentischen Beziehungen wieder stärker in den Vordergrund zu rücken. Nur so können wir den Kreislauf aus narzisstischem Streben und zwanghafter Selbstoptimierung durchbrechen und ein erfüllteres, ausgeglicheneres Leben führen.

Literatur / Quellen

1. "The Narcissist Next Door" von Jeffrey Kluger. Dieses Buch bietet eine provokante Erkundung des Narzissmus und erklärt, wie man Narzissten erkennt und mit ihnen umgeht. Kluger nutzt aktuelle Forschungsergebnisse, um verständlich zu machen, wie Narzissten unser Leben in verschiedenen

Bereichen beeinflussen und wie man ihre Auswirkungen neutralisieren kann, bevor es zu spät ist.

2. "You Can Thrive After Narcissistic Abuse" von Melanie Tonia Evans. Dieses Buch bietet ein einzigartiges Genesungsprogramm, um Schmerzen zu heilen und sich von toxischen Beziehungen zu befreien. Evans teilt ihre persönliche Erfahrung und die Entwicklung der Quanta Freedom Healing Technique, die darauf abzielt, Betroffene von innen heraus zu heilen. Es umfasst Strategien zur Erkennung von Missbrauch, zur Entfernung der Auswirkungen des Narzissten und zur Stärkung des eigenen Selbst.

3. "6 Keys for Narcissists to Change Toward the Higher Self" von Elinor Greenberg. Greenberg bietet praktische Tipps für Narzissten, um sich zu verbessern und gesündere Beziehungen zu pflegen. Das Buch betont die Bedeutung von Achtsamkeit, Verantwortungsübernahme und Selbstvergebung, um das eigene Verhalten zu ändern und authentischer zu werden. Es unterstützt Narzissten dabei, eine tiefere Selbstwahrnehmung zu entwickeln und gesunde soziale Interaktionen zu fördern.

Sexualität

Nichts ist so hart, so trocken, so eng, als ein Herz, das in allen Dingen nur sich liebt.

Friedrich Jacobs, deutscher Philologe, 1764-1847

Meine lieben Leserinnen, jede von uns, die dieses Buch lesen, hat ihn getroffen, unseren Narcissus Magnificus, der uns zu Beginn mit einer solchen Intensität der Gefühle überhäuft, dass wir meinen, endlich den ultimativen Liebhaber gefunden zu haben. Ganz schnell wurde uns aber klar, was als leidenschaftlicher Feuersturm begann, ist schnell in einem frostigen Polartag geendet. Werfen wir einen Blick auf das sexuelle Auf und Ab mit Narcissus Magnificus und seine Auswirkungen auf uns.

106

Narcissus Magnificus ist ein wahrer Meister der Verführung.
Zu Beginn lässt er nichts unversucht, um uns in den siebten
Himmel zu befördern. Er liest uns förmlich jeden Wunsch von
den Augen ab. Keine Geste ist ihm zu klein, keine
Anstrengung zu groß. Wir fühlen uns, als wären wir der
Mittelpunkt seines Universums. Er übertrifft sich anfangs
selbst. Er ist zärtlich, zuvorkommend und so aufmerksam,
dass wir uns fragen, ob wir nicht in einem Traum gelandet
sind. Er lässt uns Dinge fühlen, von denen wir nicht wussten,
dass wir sie fühlen können. Jede Berührung, jeder Kuss ist
eine Offenbarung, und wir sind überzeugt, dass wir endlich
den perfekten Liebhaber gefunden haben.

Doch leider währt diese Idylle nicht ewig. Schon bald schlägt
die Kehrseite der Medaille zu. Die Langeweile schlägt zu.
Narcissus Magnificus hat die unangenehme Eigenschaft, sich
schnell zu langweilen. Sobald der Reiz des Neuen verflogen
ist, schwindet auch seine Aufmerksamkeit. Plötzlich zieht
Narcissus Magnificus sich zurück. Die zärtlichen Gesten
werden seltener, die leidenschaftlichen Nächte seltener. Wir
fragen uns, ob wir etwas falsch gemacht haben oder ob wir
plötzlich unsichtbar geworden sind. Anstatt uns weiterhin zu
verwöhnen, lässt er uns am ausgestreckten Arm emotional
verhungern. Seine einst so liebevollen Augen scheinen nun
kalt und abweisend, und wir spüren den eisigen Hauch der
Entfremdung.

Dieses Auf und Ab der Leidenschaft bleibt natürlich nicht ohne
Folgen für uns. Wir durchleben ein Wechselbad der Gefühle.
Vom Himmelhoch jauchzend bis zu Tode betrübt – unser
emotionales Gleichgewicht wird auf eine harte Probe gestellt.
Wenn unser einst so hingebungsvoller Liebhaber plötzlich das
Interesse verliert, beginnen wir, an uns selbst zu zweifeln.

Sind wir nicht mehr attraktiv genug? Was haben wir falsch gemacht? Die ständige Ungewissheit und die emotionalen Achterbahnfahrten werden uns frustrieren und entmutigen. Wir sehnen uns nach der stabilen Zuneigung, die uns am Anfang so selbstverständlich erschien, den Narcissus Magnificus kann uns beim Sex so viel fühlen lassen, dass es uns vorkommt als würden wir zum ersten Mal etwas fühlen. Er ist anfangs aufmerksam, hingebungsvoll, zuvorkommend und zärtlich wie kein Liebhaber zuvor. Und dies tut er alles:

1. um nach der Love-Bombing-Phase Sex als Waffe benutzen zu können.
2. um uns später immer wieder abzuwerten, zu erniedrigen und zu demütigen,
3. um uns mit Stillschweigen und Nichtanwesenheit, also "Silent treatment" zu bestrafen,
4. um uns ohne Worte abzuservieren, den "Discard" oder „Dis-engagement" zu vollziehen.

Es sind natürlich sehr eigennützige Gründe, genau wie die Gründe, weshalb Narcissus Magnificus überhaupt zwischenmenschliche Beziehungen eingeht, um emotionalen Treibstoff „fuel" zu beziehen, uns als „Erweiterung seiner selbst" als „punching ball" zur Regulierung seines Selbstwerts und seines Gefühlschaos zu missbrauchen, und somit wird er auch die Sexualität als weiteres sehr mächtiges Manipulationswerkzeug nutzen, um seine Kontrolle und Macht über uns zu festigen.

Es macht ihm Spaß, zu sehen, wie wir wie Wachs unter seinen Händen dahinschmelzen und es bereitet ihm noch größere Freude, wenn er uns dieses schöne Gefühl einfach wieder wegnehmen kann. Die Vorstellung, dass wir ihm hinterherschmachten, halb wahnsinnig vor Sehnsucht in unserem Bettchen liegen und nur an ihn, ihn, ihn denken – diese Vorstellung hat für Narcissus Magnificus mehr Orgasmusqualität als jeder tatsächliche Orgasmus. Macht und Kontrolle ist das, worum es Narcissus Magnificus geht.

Hier möchte ich einmal kurz den Madonna-Huren-Komplex zur Sprache bringen. Der Madonna-Huren-Komplex ist ein psychoanalytisches Konzept, das von Sigmund Freud eingeführt wurde. Es beschreibt eine dichotome Sichtweise auf Frauen, bei der sie entweder als "Madonna" (rein und unantastbar) oder als "Hure" (sexuell und minderwertig) betrachtet werden. Diese Sichtweise kann zu Problemen in Beziehungen führen, da Männer, die unter diesem Komplex leiden, Schwierigkeiten haben, eine Frau sowohl zu lieben als auch sexuell zu begehren.

Frauen, die in die Madonna-Kategorie fallen, werden idealisiert und als rein, tugendhaft und respektabel angesehen. Diese Frauen werden oft auf ein Podest gestellt und emotional distanziert behandelt, weil sie als zu "heilig" für sexuelle oder intensive emotionale Beziehungen betrachtet werden. Frauen, die in die Hure-Kategorie fallen, werden sexuell begehrt und als unmoralisch oder minderwertig angesehen. Diese Frauen werden häufig objektiviert und abgewertet, obwohl sie gleichzeitig starke sexuelle Anziehung Narcissus Magnificus ausüben.

Die Auswirkungen des Madonna-Huren-Komplex in Beziehungen mit Narcissus Magnificus sind:

Idealisierung und Abwertung: Narcissus Magnificus neigt dazu, seine primäre Versorgungsquelle entweder zu

idealisieren (als Madonna) oder zu entwerten (als Hure), was
zu extremen emotionalen Schwankungen und instabilen
Beziehungsmustern führt.
Sexuelle und emotionale Distanz: Frauen, die als Madonna
gesehen werden, können als sexuell unantastbar und
emotional distanziert behandelt werden. Narcissus Magnificus
hat Schwierigkeiten, eine gesunde, intime Beziehung zu
diesen Frauen aufzubauen, weil er sie zu idealisieren sieht.
Objektivierung und Abwertung: Frauen, die als Hure
kategorisiert werden, erfahren häufige sexuelle Objektivierung
und emotionale Abwertung. Der Narzisst sieht sie als Mittel zur
Befriedigung seiner sexuellen Bedürfnisse, ohne sie als
gleichwertige Partner zu respektieren.

Die psychologischen Mechanismen des Madonna-Huren-
Komplex können wie folgt erklärt werden:

Spaltung: Narcissus Magnificus verwendet Spaltung als
Abwehrmechanismus, um Frauen in klare Kategorien zu
unterteilen. Dies hilft ihm, seine eigenen Konflikte und
Unsicherheiten in Bezug auf Sexualität und Intimität zu
bewältigen. Er trennt oft Liebe und Sexualität strikt
voneinander. Die Madonna repräsentiert für ihn die reine,
platonische Liebe, während Sexualität mit etwas Schmutzigem
und Minderwertigem assoziiert wird, was er auf die Hure
projiziert. Diese Spaltung macht es ihm unmöglich, die
Madonna als sexuelle Partnerin zu sehen.
Kontrollverlust und Macht: Durch die Einteilung von Frauen in
diese Kategorien kann Narcissus Magnificus Macht und
Kontrolle über seine Partnerinnen ausüben. Die Madonna wird
durch emotionale Distanz kontrolliert, während die Hure durch
sexuelle Objektivierung und Abwertung kontrolliert wird.

Schuldgefühle und Scham: Narcissus Magnificus kann tief verwurzelte Schuldgefühle und Scham in Bezug auf Sexualität haben. Diese Gefühle werden durch die Idealisierung der Madonna verstärkt, da er das Gefühl hat, dass sexuelle Handlungen ihre Reinheit beschmutzen würden.
Angst vor Nähe und Verletzlichkeit: Sexualität erfordert oft eine Form von Nähe und Verletzlichkeit, die Narcissus Magnificus in einer idealisierten Beziehung mit der Madonna zu vermeiden versucht. Diese Nähe könnte seine Unsicherheiten und Ängste hervorbringen, weshalb er diese Form der Intimität mit der Madonna vermeidet.

Wir Frauen, die in eine Beziehung mit Narcissus Magnificus involviert sind, fühlen uns verwirrt und unsicher über unsere Position in der Beziehung. Wir werden zwischen den Phasen der Idealisierung und Abwertung hin- und hergerissen. Die ständige Einteilung in extreme Kategorien wird unser Selbstwertgefühl stark beeinträchtigen und zu tiefen emotionalen Wunden führen. Beziehungen, die von diesem Komplex geprägt sind, neigen dazu, sehr instabil zu sein. Wir wissen nie genau, wie wir behandelt werden und was Narcissus Magnificus von uns erwartet.

Fazit

Der Sex mit Narcissus Magnificus ist eine Reise voller Höhen und Tiefen. Was als himmlische Romanze beginnt, kann schnell in einer frostigen Dürre enden.

Narcissus Magnificus braucht die (Macht)-Gewissheit, mit uns machen zu können, was er will, auch im Bett. Er will, dass wir ihn – und nur ihn – wollen und das zu 100%, ohne Wenn und Aber, emotional, körperlich, in jeder Hinsicht. Narcissus

Magnificus kennt keine Scham und er empfindet auch kein Mitgefühl für uns. Er empfindet kein Bedauern oder Schuldgefühle, und das gibt Narcissus Magnificus die Fähigkeit, Dinge zu tun, die er uns antun kann. Er kümmert sich einfach nicht um den Kollateralschaden, den er uns zufügt. Narzissten haben Scheuklappen auf und die einzige Person, auf die sie Rücksicht nehmen, sind sie selbst.

Literatur / Quellen

1. "On Narcissism: An Introduction" by Sigmund Freud. In diesem Essay von 1914 fasst Freud seine früheren Diskussionen über Narzissmus zusammen, betrachtet dessen Rolle in der sexuellen Entwicklung und untersucht die tiefere Beziehung zwischen dem Ich und äußeren Objekten. Freud entwickelt seine Libidotheorie weiter und zieht neue Unterscheidungen.
2. "The Narcissist in You and Everyone Else: Recognizing the 27 Types of Narcissism" by Sterlin L. Mosley. Dieses Buch führt die Leser in das Konzept des Narzissmus als ein spektrumbasiertes Modell ein, das den allmählichen Verlust von Empathie aufgrund von Genetik, Trauma, Missbrauch, Konditionierung und Umwelt umfasst und wie dies zu narzisstischen Tendenzen führen kann.
3. "Three Essays on the Theory of Sexuality" by Sigmund Freud. In diesem Werk aus dem Jahr 1905 legt Freud seine Theorien zur menschlichen Sexualität dar. Er untersucht die kindliche Sexualität, die Rolle der Sexualtriebe im menschlichen Verhalten und die Entwicklung sexueller Abweichungen.

Teddybär

Nach dem Ende einer toxischen Beziehung mit Narcissus Magnificus fühlen wir uns verlassen, erschöpft, traurig und hoffnungslos. In dieser schwierigen Zeit, in der wir uns fragen, wie wir jemals wieder Vertrauen und Glück finden können, erinnern wir uns vielleicht an unseren alten Teddybären. Dieser treue, pelzige Begleiter, der uns schon in Kindertagen Trost gespendet hat, kann uns auch jetzt wieder Hoffnung und Geborgenheit schenken.

Wenn die Welt sich überwältigend und kalt anfühlt, bietet der vertraute Teddybär eine stille Zuflucht. Er erinnert uns an eine Zeit, als unsere Sorgen klein und die Welt voller Möglichkeiten war. Sein weiches Fell und der liebenswerte Ausdruck strahlen eine unveränderliche Wärme und Beständigkeit aus – etwas, das in der Turbulenz nach einer toxischen Beziehung oft fehlt.

Dieser alte Freund, der so viele Tränen getrocknet und uns in unzähligen Nächten Gesellschaft geleistet hat, kann uns daran erinnern, dass es immer Hoffnung gibt. Der Teddybär symbolisiert bedingungslose Liebe und Akzeptanz. Er fordert nichts von uns und urteilt nicht. Stattdessen ist er einfach da, bereit, uns zu trösten und uns daran zu erinnern, dass wir immer noch liebenswert und wertvoll sind.

In den Armen dieses treuen Gefährten können wir uns erlauben, unsere Verletzlichkeit zu zeigen und uns selbst zu trösten. Der Teddybär ist ein Symbol für all die Liebe und Unterstützung, die wir vielleicht derzeit vermissen, aber immer noch in uns tragen. Er erinnert uns daran, dass wir auch nach den dunkelsten Zeiten wieder Licht und Freude finden können.

Wenn wir unseren alten Teddybären umarmen, spüren wir die Verbindung zu unseren eigenen, inneren Ressourcen. Er steht für die Stärke und Resilienz, die wir in uns tragen, auch wenn wir sie im Moment nicht immer sehen können. Er ist ein stiller Zeuge unserer Geschichte und ein Symbol dafür, dass wir, egal wie schwer die Zeiten auch sein mögen, immer wieder aufstehen und weitermachen können.

So nehmen wir in diesen schweren Momenten unseren Teddybären in die Arme und lassen uns von seiner einfachen, aber tiefen Botschaft trösten: Du bist nicht allein. Du bist geliebt. Und du wirst wieder glücklich sein.

Trauma-Bonding

Trauma-Bonding ist ein psychologisches Phänomen, das häufig in missbräuchlichen Beziehungen vorkommt, insbesondere bei Beziehungen mit einem Narzissten. Es beschreibt eine starke emotionale Bindung, die entsteht, wenn Narcissus Magnificus, der Missbraucher, uns, seine Opfer, wiederholt in einen Kreislauf von Missbrauch und Zuwendung verstrickt. Diese Bindung entwickelt sich aufgrund der extremen emotionalen Höhen und Tiefen, die wir in der Beziehung erleben, und führt dazu, dass wir weiterhin an Narcissus Magnificus gebunden bleiben, selbst wenn die Situation schädlich und toxisch ist.

Trauma-Bonding kann man als eine Art Überlebensmechanismus verstehen. Hier werden wir Frauen in einen Zustand versetzt, in dem wir trotz des Missbrauchs emotional an Narcissus Magnificus gebunden bleiben. Diese Art der Bindung wird häufig mit einer Abhängigkeit verwechselt. Wir entwickeln eine tiefe emotionale Verbindung zu Narcissus Magnificus, nicht weil die Beziehung gesund oder erfüllend ist, sondern weil die ständige Wechselwirkung zwischen Missbrauch und Zuwendung eine Art „Belohnungssystem" im Gehirn aktiviert. Diese emotionale Verstrickung kann so stark sein, dass wir beginnen, Narcissus Magnificus zu verteidigen oder das eigene Leid zu minimieren, nur um die Beziehung aufrechtzuerhalten.

Warum macht Narcissus Magnificus so etwas? fragen wir uns. Narcissus Magnificus hat ein tiefes Bedürfnis nach Kontrolle und Macht. Er strebt danach, sein Selbstbild ständig zu bestätigen und seine Überlegenheit zu beweisen. Für ihn ist es entscheidend, die Kontrolle über andere zu haben, weil er dadurch sein schwaches inneres Selbstbild kompensieren kann. Er benötigt ständige Bestätigung, Bewunderung und Unterwerfung von anderen, um sich mächtig und wertvoll zu fühlen. Das Trauma-Bonding ist ein Weg, wie Narcissus Magnificus uns, seine Opfer, emotional in der Beziehung hält, auch wenn diese Beziehung für uns schädlich ist. Es ist eine Manipulationstaktik, die Narcissus Magnificus verwendet, um seine Macht und Kontrolle über uns zu verstärken. Diese Art von Kontrolle und die emotionale Abhängigkeit, die durch das Trauma-Bonding entsteht, nährt Narcissus Magnificus, gibt ihm das Gefühl, überlegen und unantastbar zu sein.

Das Trauma-Bonding funktioniert auf verschiedene Weisen. Zunächst kommt es in der Beziehung zu einer Phase der Idealisierung, in der der Narcissus Magnificus uns mit Liebe, Aufmerksamkeit und Zuwendung überschüttet. Diese Phase wird als „Love-Bombing" bezeichnet. Wir Frauen fühlen uns in

116

dieser Phase unglaublich wertgeschätzt und sind überzeugt, den perfekten Partner gefunden zu haben. Doch allmählich beginnt sich das Verhalten von Narcissus Magnificus zu verändern. Es kommt zu Missbrauch, der entweder emotional, verbal, psychologisch oder sogar physisch sein kann. Nach jeder Phase des Missbrauchs zeigt Narcissus Magnificus Reue oder verspricht, sich zu ändern, und kehrt wieder in eine Phase des Love-Bombing zurück. Dieser Zyklus von Missbrauch und Versöhnung führt dazu, dass wir immer wieder an Narcissus Magnificus gebunden bleiben, in der Hoffnung, dass die Beziehung sich verbessern wird.

Der Wechsel zwischen Missbrauch und Zuwendung spielt eine entscheidende Rolle im Trauma-Bonding. In den Momenten, in denen Narcissus Magnificus liebevoll oder fürsorglich ist, fühlen wir uns belohnt und glauben, dass sich Narcissus Magnificus vielleicht wirklich ändern könnte. Diese Momente der Zuwendung erzeugen eine tiefe emotionale Bindung und ein starkes Verlangen nach der Anerkennung von Narcissus Magnificus. Unser Gehirn beginnt, diesen Zyklus zu normalisieren, und wir entwickeln eine Art emotionale Abhängigkeit von der Beziehung. Diese Abhängigkeit führt dazu, dass wir den Missbrauch tolerieren, nur um diese seltenen Momente der Zuwendung und Bestätigung zu erleben.

Die Auswirkungen des Trauma-Bondings auf uns Frauen sind schwerwiegend. Wir werden emotional und psychisch erschöpft. Wir entwickeln Symptome von Angst, Depression, geringem Selbstwertgefühl und posttraumatischem Stress. In vielen Fällen haben wir das Gefühl, dass wir ohne Narcissus Magnificus nicht überleben können, und wir verlieren zunehmend das Vertrauen in uns selbst und unsere Fähigkeit, unabhängig zu sein. Die ständige Manipulation und der Missbrauch führen dazu, dass wir uns selbst in Frage stellen und oft glauben, dass wir den Missbrauch verdienen oder dass wir ohne Narcissus Magnificus nicht in der Lage sind, glücklich zu sein.

Für Narcissus Magnificus hat das Trauma-Bonding ebenfalls tiefgreifende Auswirkungen, allerdings auf eine ganz andere Weise. Narcissus Magnificus fühlt sich durch die Kontrolle und die Macht, die er über uns hat, gestärkt. Narcissus Magnificus benötigt diese Form der Abhängigkeit, um sein eigenes fragiles Ego zu schützen. Für Narcissus Magnificus ist die Beziehung nicht auf Liebe oder Respekt aufgebaut, sondern auf Macht, Kontrolle und Bestätigung des eigenen Selbstwerts. Er ist emotional nicht in der Lage, echte Intimität oder Mitgefühl zu empfinden, und nutzt das Trauma-Bonding als Mittel, um die Beziehung zu kontrollieren und seine Überlegenheit zu wahren.

Wie können wir uns vor Trauma-Bonding schützen? Der erste Schritt besteht darin, die Anzeichen zu erkennen. Oftmals fühlen wir uns schuldig oder glauben, dass wir selbst für den Missbrauch verantwortlich sind. Es ist wichtig, diese Gedankenmuster zu hinterfragen und zu erkennen, dass der Missbrauch nicht unsere Schuld ist. Eine weitere wichtige Strategie ist es, emotionale Grenzen zu setzen und diese konsequent zu wahren, denn wenn wir Opfer von Trauma-Bonding werden, neigen wir dazu, unsere eigenen Bedürfnisse zu vernachlässigen und Narcissus Magnificus zu priorisieren. Es ist entscheidend, zu lernen, wie man Nein sagt und wie wir uns selbst und unsere eigenen Bedürfnisse schützen.

Ein weiterer Schutzmechanismus besteht darin, ein starkes
Unterstützungssystem zu haben. Freunde, Familie oder ein
Therapeut können helfen, die Situation aus einer objektiveren
Perspektive zu betrachten und uns daran zu erinnern, dass wir
aus der Beziehung entkommen können. Oft werden wir von
Narcissus Magnificus isoliert, was es noch schwieriger macht,
die Kontrolle des Narzissten zu durchbrechen. Ein starkes
Unterstützungssystem kann verhindern, dass wir weiter isoliert
werden, und uns helfen, die Beziehung zu verlassen.

Doch was passiert, wenn wir uns bereits mitten in dieser
qualvollen Falle des Trauma-Bondings befinden? Wie können
wir das Trauma-Bonding durchbrechen, wenn wir uns
gefangen fühlen? Der erste Schritt besteht darin, das Problem
zu erkennen. Viele von uns Frauen befinden sich in einer Art
„Nebel", in dem wir den Missbrauch minimieren oder
rechtfertigen. Es ist wichtig, den Missbrauch als solchen
anzuerkennen und zu verstehen, dass diese Beziehung nicht
gesund ist. Oftmals hilft es, die Dynamik der Beziehung zu
analysieren und zu erkennen, wie der Kreislauf von
Missbrauch und Zuwendung abläuft.

Sobald das Problem erkannt wurde, ist der nächste Schritt,
emotionale Distanz zu schaffen. Dies bedeutet, den Kontakt
zu Narcissus Magnificus zu reduzieren oder sogar komplett
abzubrechen. Das ist leichter gesagt als getan, da wir in der
Regel emotional abhängig von Narcissus Magnificus sind.
Hierbei kann es hilfreich sein, professionelle Unterstützung in
Anspruch zu nehmen. Ein Therapeut kann dabei helfen, das
Trauma-Bonding zu verstehen und Strategien zu entwickeln,
um sich emotional von Narcissus Magnificus zu lösen.

Es ist auch wichtig, sich selbst zu stärken. Trauma-Bonding führt über kurz oder lang dazu, dass wir ein geringes Selbstwertgefühl entwickeln und uns selbst nicht mehr vertrauen. Selbstfürsorge, Selbstliebe und das Wiederaufbauen des eigenen Selbstwerts sind entscheidend, um sich aus der Abhängigkeit des Narzissten zu befreien. Wir müssen lernen, uns selbst zu vertrauen und zu glauben, dass wir auch ohne Narcissus Magnificus glücklich und erfüllt leben können.

Ein weiterer wichtiger Schritt ist die Verarbeitung des erlebten Traumas. Das Trauma-Bonding hinterlässt tiefe emotionale Narben, und es ist wichtig, diese zu heilen. Dies kann durch Therapie, Selbstreflexion und die Auseinandersetzung mit den eigenen Gefühlen geschehen. Es ist entscheidend, das erlebte Trauma zu verstehen und zu akzeptieren, um langfristig Heilung zu finden und nicht wieder in eine ähnliche Beziehung zu geraten.

Fazit

Insgesamt ist Trauma-Bonding ein äußerst komplexes und zerstörerisches Phänomen. Es entsteht durch eine toxische Dynamik, die sich durch emotionalen Missbrauch und Manipulation entwickelt, und es ist extrem schwierig, sich davon zu befreien. Doch mit der richtigen Unterstützung, Selbstreflexion und der Bereitschaft, sich von dem Missbrauch zu lösen, ist es möglich, das Trauma-Bonding zu durchbrechen und Heilung zu finden. Es ist ein langer und oft schmerzhafter Prozess, aber am Ende können wir uns von den Fesseln der emotionalen Abhängigkeit befreien und ein Leben führen, das auf Selbstliebe, Unabhängigkeit und wahrem Glück basiert.

Literatur / Quellen

1. "Trauma Bonding: Understanding and Overcoming the Traumatic Bond in a Narcissistic Relationship" by Lauren Kozlowski. Dieses Buch erklärt, was Trauma-Bindung wirklich ist und wie sie entsteht. Es beschreibt die sieben Phasen, die zu einer Trauma-Bindung führen, und bietet Schritte zur Überwindung dieser schädlichen Verbindungen. Besonders hilfreich ist das Buch für diejenigen, die in narzisstischen Beziehungen gefangen sind.

2. "Trauma, Bonding & Family Constellations" by Franz Ruppert. Franz Rupperts Buch untersucht verschiedene Arten von Trauma-Erfahrungen und die Bindungstheorien von John Bowlby und Mary Ainsworth. Es bietet ein multigenerationales Bild der Traumadynamik und zeigt, wie frühkindliche Traumatisierungen das spätere Leben beeinflussen können. Ruppert stellt seine einzigartige Methode vor, mit Familienstellen versteckte Dynamiken aufzudecken und zu lösen.

3. "It's Not You: How to Identify and Heal from Narcissistic People" by Dr. Ramani Durvasula. Dr. Ramani Durvasulas Buch ist ein umfassender Leitfaden zum Schutz und zur Heilung von den täglichen Schäden, die durch narzisstische Menschen verursacht werden. Es hilft den Lesern, narzisstisches Verhalten zu erkennen und Strategien zu entwickeln, um sich davon zu lösen.

Toxische Beziehung

Toxische Beziehungen sind wie unsichtbare Handschellen, die uns in negativen Mustern gefangen halten. Sie können emotional, verbal oder physisch schädlich sein. Wir bleiben oft in ihnen, weil wir hoffen, dass sich die Dinge ändern werden, aber das Ergebnis ist oft ein Verlust unserer eigenen Energie und Identität.

Iris Feyser

Meine lieben Leserinnen, tauchen wir ein in das glitzernde, aber gefährliche Gewässer der toxischen Beziehung. Leider kommt der Teufel nicht in Teufelsgestalt mit Hörnern und Hufen in unser Leben. Er kommt genauso in unser Leben wie wir uns unseren Traummann immer gewünscht und erträumt haben. Warum, fragen wir uns nun, sind wir treu wie ein

Golden Retriever, selbst wenn unser Herz wie eine Knautschzone im Dauereinsatz ist? Lasst uns gemeinsam die kuriosen Mechanismen dieser bizarren Dynamik unter die Lupe nehmen. Ich bin mir ganz sicher, dass jede von uns die untenstehende Aufzählung der Besonderheiten einer toxischen Beziehung kennt und erkennt.

Der Charmeur im Wolfspelz: Am Anfang erscheint unser Narcissus Magnificus wie der Traum aller Schwiegermütter. Er überhäuft uns mit Komplimenten, Geschenken und Aufmerksamkeit – so sehr, dass wir denken, wir hätten endlich den Sechser im Liebeslotto gezogen. Doch plötzlich tauchen erste Risse auf: die „zufälligen" abfälligen Bemerkungen, die Eifersuchtsdramen und die unvorhersehbaren Stimmungsschwankungen.

Die Achterbahn der Gefühle: Eine toxische Beziehung ist wie eine Fahrt auf der wildesten Achterbahn des Jahrmarkts – mit dem kleinen Unterschied, dass man die Kotztüten nicht rechtzeitig gereicht bekommt. Die Höhen (er liebt mich!) und die Tiefen (was habe ich falsch gemacht?) sorgen für einen Adrenalinrausch, der uns süchtig macht. Immerhin sind wir ja für Abenteuer geboren, oder?

Das Houdini-Phänomen: Narcissus Magnificus ist ein Meistermagier. Wenn wir kurz davor sind, die Show zu verlassen, weil wir das Drama satthaben, zaubert er plötzlich den alten Charme aus dem Hut und weckt in uns die Hoffnung, dass sich doch noch alles zum Guten wendet. Wie hypnotisiert bleiben wir sitzen und warten darauf, dass der nächste Zaubertrick die Wunde heilt, die der Letzte aufgerissen hat.

„Ich-kann-ihn-reparieren"-Illusion: Im tiefsten Inneren sind wir
alle ein bisschen Heimwerker-Königinnen. Wenn wir nur fest
genug an unseren Narcissus Magnificus schrauben, denken
wir, können wir den Schaden beheben und aus dem
emotionalen Schrotthaufen einen glänzenden Liebes-
Mercedes machen. Die Realität? Manchmal ist der
Schrotthaufen einfach nur – nun ja – Schrott.

Das Stockholm-Syndrom der Liebe: Wie Geiseln fühlen wir
uns irgendwann seltsam verbunden mit unserem Peiniger. Wir
entwickeln ein Verständnis, ja sogar Mitleid für seine Launen
und Aggressionen. "Er hatte eine schwere Kindheit", sagen wir
uns, während wir das nächste verbale Nudelholz abwehren.
Schließlich glauben wir, dass unsere Liebe die magische
Heilung ist, die er so dringend braucht.

Der soziale Druck: "Was, du bist immer noch mit ihm
zusammen?", fragen Freunde und Familie mit hochgezogenen
Augenbrauen. Klar, der soziale Druck kann ein doppelter
Boden sein: auf der einen Seite die Scham, zuzugeben, dass
man sich in den emotionalen Abgrund verliebt hat; auf der
anderen Seite die Hoffnung, dass uns niemand dafür verurteilt,
wenn wir endlich die Reißleine ziehen.

Am Ende des Tages müssen wir erkennen, dass Liebe nicht
gleichbedeutend mit Selbstaufopferung ist. Wir müssen uns
bemühen, die Absurditäten der toxischen Beziehung zu
durchschauen. Der wahre Befreiungsschlag kommt, wenn wir
erkennen, dass wir mehr verdienen – mehr als die
permanenten emotionalen Sticheleien und das ständige
Hoffen auf einen Funken echter Zuneigung. Eine
partnerschaftliche Beziehung sollte auf Augenhöhe stattfinden.
Leider ist dies nicht der Fall, wenn wir in einer toxischen

Beziehung mit Narcissus Magnificus festkleben, in der wir uns, wie jede andere Frau, nach Harmonie und Liebe sehnen, dieses Ziel mit Narcissus Magnificus aber leider nie erreichen. Eine toxische Beziehung ist durch emotionale Abhängigkeit, ständige Streitereien oder auch durch falsche Schuldzuweisungen gekennzeichnet. Wir, als der leidende Teil dieser Beziehung, werden auf emotionaler Ebene immer weiter ausgenutzt und dennoch entwickeln wir ein Gefühl der Abhängigkeit von Narcissus Magnificus.

Da Narcissus Magnificus keine Liebe für uns empfinden kann, entsteht eine Abwärtsspirale, die unser Selbstwertgefühl wie einen Schneemann im Sonnenschein immer weiter schwinden lässt und letztendlich vernichtet. Narcissus Magnificus hat kein: "Wir-Gefühl", kein: "Wir zwei miteinander, wir machen das.". Er hat nur: "Ich brauche dich, damit es mir gut geht.". Umso schlechter es uns geht, umso erhabener fühlt sich Narcissus Magnificus und sorgt mit Worten und Taten immer wieder dafür, dass wir uns wertlos und nutzlos fühlen. So versucht Narcissus Magnificus, uns, als seine scheinbar unnütze Partnerin, an sich zu binden und ein Gefühl der Hilflosigkeit in uns zu verstärken.

Missbräuchliche bzw. toxische Beziehungen stellen für uns eine große Herausforderung dar, weil Narcissus Magnificus seine Bedürfnisse und Wünsche über alles andere priorisiert, Manipulations- und Kontrolltaktiken nutzt, um uns zu verwirren und aus dem Gleichgewicht zu bringen. Ein Schlüsselaspekt einer narzisstischen Beziehung ist das ständige Bedürfnis des Narzissten, „zu gewinnen". Das bedeutet, dass er alles dafür tun wird, um die Kontrolle und Macht in der Beziehung an sich zu reißen.

Und wahrlich, Narcissus Magnificus hat eine einzigartige
Fähigkeit, seine Bedürfnisse und Wünsche über alles andere
zu priorisieren. Warum? Nun, er sieht sich selbst als den
glänzenden Mittelpunkt des Kosmos, und wir alle kreisen um
ihn wie kleine Satelliten. Sein Ego ist so groß, dass es
normalerweise eine eigene Postleitzahl braucht. Sein
Lieblingsspiel? Manipulation und Kontrolle! Es ist wie ein Spiel
von „Mensch ärgere dich nicht", nur dass wir immer verlieren.
Er zieht alle Register, um uns zu verwirren und aus dem
Gleichgewicht zu bringen. Ein typischer Tag könnte so
aussehen:

1. Der Morgen-Monolog: Wir wachen auf und er hält eine
    lange Rede darüber, wie heldenhaft er die
    Zahnpastatube wieder verschlossen hat. Unser
    Beitrag? Stillschweigen und bewundern.
2. Das Manipulationsmanöver: Wenn wir es wagen,
    eigene Wünsche zu äußern, wird das sofort mit einer
    brillanten Taktik vereitelt. Er spielt das arme Opfer, das
    so viel für uns aufgibt, obwohl wir den Laden am
    Laufen halten.
3. Die Kontroll-Choreografie: Der Tag ist eine perfekt
    inszenierte Choreografie seiner Kontrolle. Er
    entscheidet, wohin wir gehen, was wir essen und
    sogar, welche Serie wir schauen. Spoiler: Es ist immer
    die Serie, in der er sich am meisten mit dem
    Hauptcharakter identifizieren kann.

Warum priorisiert er seine Bedürfnisse? Ganz einfach: In
seiner Welt ist er der Protagonist, und wir sind die
Nebenfiguren. Er ist das Hauptgericht, wir sind die Beilage.
Seine Wünsche sind die Drehbuchzeilen, und unsere nur
Fußnoten. Wenn wir versuchen, das Skript zu ändern, ist das

für ihn wie ein Drama in drei Akten – mit uns in der Hauptrolle
des Bösewichts. Dr. Annie Kazina, Trainerin für die Genesung
von Frauenmissbrauch, weist darauf hin:

*"Wenn er halbwegs so wunderbar wäre, würdest du
dich nicht so fühlen, wie du jetzt bist, wunderbare
Menschen verletzen und demütigen nicht das
lebendige Tageslicht aus ihrem Partner. Du sagst dir
selbst (und vielleicht auch der Welt), wie gut er ist, und
dein Herz sinkt. Mit jemandem zusammen zu sein, der
wirklich wunderbar ist, hebt dein Herz."*.

Ganz wichtig, meine lieben Leserinnen, ist zu verinnerlichen:
Der Missbrauch in toxischen Beziehungen durch unseren
geliebten Narcissus Magnificus hat schwerwiegende
Auswirkungen auf unsere psychische, körperliche sowie auch
finanzielle Situation, sowohl kurzfristig als auch langfristig. Hier
sind einige der häufigsten Auswirkungen des Ausharrens in
einer toxischen Beziehung, wie zum Beispiel die psychische
Belastung, das bedeutet, eine toxische Beziehung führt zu
erheblichem emotionalem Stress. Ständige Manipulation und
emotionale Misshandlungen verursachen Selbstzweifel,
Angstzustände und Depressionen. Irgendwann werden wir
anfangen, unsere eigene Wahrnehmung und Realität zu
hinterfragen. Nach dem 37. Streit über seine exzessive
Selbstbewunderung fangen wir an, uns ernsthaft zu fragen, ob
wir die verrückten Katzenfrauen aus den Filmen werden – nur
ohne Katzen. Stattdessen haben wir 12 Pflanzen, die wir
heimlich „unser wahres Zuhause" nennen.

Der ständige emotionale und psychische Druck in einer
toxischen Beziehung führt zu körperlicher Erschöpfung.
Schlafstörungen, chronische Müdigkeit und psychosomatische

Beschwerden sind häufig. Der Körper reagiert auf den ständigen Stress, indem er sich schwach und ausgelaugt fühlt. Unser Fitnessprogramm besteht nicht mehr aus Yoga und Pilates, sondern aus dem ständigen Auf- und Abgehen, um seine Launen zu ertragen. Und die einzige Cardio-Einheit, die wir absolvieren, ist das hastige Verstecken der Schokolade, bevor Narcissus Magnificus sie entdeckt und uns einen Vortrag über „Selbstdisziplin" hält.

Oft kontrolliert Narcissus Magnificus die Finanzen, was dazu führt, dass wir finanziell abhängig werden. Unser Geld wird ausschließlich für seine Bedürfnisse ausgegeben, während wir unsere eigenen Bedürfnisse vernachlässigen. Auch wird Narcissus Magnificus, wenn er finanziell von uns abhängig ist, uns so lange ausbeuten, bis wir nichts mehr zu geben haben. Dies wird langfristig zu finanziellen Schwierigkeiten führen, wie Schulden oder finanzielle Instabilität. Unsere Kreditkartenabrechnung sieht aus wie die Einkaufsliste eines Hollywood-Stars – nur ohne die glamourösen Outfits und teuren Reisen. Stattdessen finden sich Ausgaben für seine „unverzichtbaren" Hobbys, wie die Sammlung seltener Murmeln oder das monatliche Abo für den „Selbstverliebte Egozentriker"-Club.

Narcissus Magnificus wird uns auch von unseren Freunden und unserer Familie isolieren, um seine Kontrolle zu verstärken. Dies führt zu sozialer Isolation, wodurch wir das Gefühl der Unterstützung und Verbindung verlieren, was unsere emotionale und psychische Gesundheit weiter verschlechtert. Unsere Freundinnen nennen uns „Phantom", weil wir nur noch selten bei Mädelsabenden auftauchen. Wenn wir doch mal da sind, sprechen wir in kryptischen Botschaften, um seine Kontrolle nicht zu offenbaren: „Ja, ich habe die

Sonne gesehen, und ja, ich habe auch mal wieder frische Luft
geatmet."

Durch ständige Kritik, Abwertung und Manipulation zerstört
Narcissus Magnificus systematisch unser Selbstwertgefühl.
Wir fühlen uns wertlos und unfähig, was es noch schwieriger
macht, die Beziehung zu verlassen oder Hilfe zu suchen.
Während er sich jeden Tag im Spiegel erzählt, wie großartig er
ist, schauen wir in denselben Spiegel und fragen uns, ob wir
nicht doch heimlich unsichtbar geworden sind. Schließlich
bemerkt er uns nur, wenn wir ihm seine Lieblingssnacks
ausgehen lassen oder das Wort „Nein" benutzen.

Der ständige Stress in einer toxischen Beziehung führt
unweigerlich zu gesundheitlichen Problemen wie
Bluthochdruck, Herzproblemen, Magen-Darm-Problemen und
einem geschwächten Immunsystem. Unser Körper ist
permanent im Alarmzustand, was langfristig schädlich ist. Der
einzige Urlaub, den wir uns gönnen, ist die fünfminütige Pause
im Badezimmer, wo wir heimlich tief durchatmen und uns
vorstellen, wie es wäre, in einer romantischen Komödie zu
leben – aber ohne den Drama-Teil.

In einer toxischen Beziehung geben wir unsere eigenen
Träume und Ambitionen zugunsten der Bedürfnisse von
Narcissus Magnificus auf. Wir werden das Gefühl haben,
unsere Identität und unsere Lebensziele verloren zu haben,
was zu einem tiefen Gefühl der Sinnlosigkeit und
Hoffnungslosigkeit führt. Wir hatten mal große Pläne, vielleicht
ein kleines Café zu eröffnen oder die Welt zu bereisen. Jetzt
ist unser größter Traum, einen Tag ohne Drama zu erleben
und endlich die Fernbedienung zu finden, ohne dass sie
mysteriös in seiner Hand landet.

Der deutsche Psychologe Robert Betz bezeichnet Narzissten als „Arschengel" und die Beziehung zu ihnen als „Enttäuschung", also das Ende einer Täuschung. Und oft ist das Ende einer Beziehung mit einem Narzissten auch genau das: eine bittere Enttäuschung. Auf der einen Seite steht da ein Mensch mit einem sehr niedrigen Selbstwert, der narzisstisch handelt und sich dadurch größer macht, als er ist. Auf der anderen Seite steht jemand, der diesem Menschen nur zu gern Glauben schenken will und am Ende heftig verletzt wird, nachdem der andere offenbart, wie er wirklich ist.

Um uns aus toxischen Beziehungen zu befreien, ist Selbstfürsorge sehr wichtig. Wir müssen den Fokus unserer Aufmerksamkeit auf uns verschieben, rücksichtsvoll und geduldig mit uns selbst sein. Wir müssen das Gedankenkarussell "Narcissus Magnificus" stoppen und uns auf den liebevollen Umgang mit uns konzentrieren. Es hilft ungemein, den alten Teddybären vom Regal zu nehmen, denn diese kuscheligen Gesellen erfreuen sich immer größerer Beliebtheit als Trostmittel für Menschen, die emotionale Unterstützung suchen. Eine Bindung zwischen uns und dem pelzigen Freund kann das psychische Wohlbefinden erheblich verbessern und dazu beitragen, Gefühle von Einsamkeit, Angst und Stress zu lindern. Einige der wichtigsten Vorteile von Teddybären zur emotionalen Unterstützung sind:

- Stressabbau: Das Umarmen eines Teddybären kann Oxytocin, das „Liebeshormon", freisetzen und dabei helfen, Stress abzubauen und die Entspannung zu fördern.

- Angstreduzierung: Die Beschäftigung mit einem Teddybären kann helfen, von ängstlichen Gedanken abzulenken und in Momenten der Angst Trost zu spenden.
- Gefühl der Sicherheit: Das Kuscheln eines Teddybären stellt eine greifbare Verbindung her und bietet Sicherheit und Geborgenheit.

All die o. g. Vorteile eines Teddybären sprechen dafür, ihn in unsere Selbstpflegeroutine zu integrieren, um unser geistiges und emotionales Wohlbefinden zu verbessern.

Fazit

Uns aus einer toxischen Beziehung zu befreien, ist ein wenig so, als würde man versuchen, einen Oktopus zu entwirren, während man gleichzeitig einen Rubik's Cube löst. Es ist eine gewaltige Herausforderung, aber eben auch nicht unmöglich. Das Zauberwort ist "Selbstachtung" – dieses mystische Einhorn, das irgendwo zwischen den Dornen der Selbstzweifel und den Schlangen der Abhängigkeit grast. Wir müssen es nur finden, einfangen, und es zähmen, sodass es uns fortan treu zur Seite steht. Wir können es reiten, um galant und majestätisch aus dem toxischen Sumpf zu entkommen, oder es einfach als ständigen Begleiter behalten, der uns stets daran erinnert, dass wir mehr wert sind als das vergiftete Terrain, aus dem wir entkommen sind. Vielleicht wird dieses mystische Einhorn der Selbstachtung eines Tages sogar zum mächtigen Pegasus, der uns in die Höhen des Selbstwertgefühls trägt – über die Wolken der Negativität hinweg, hin zu einer strahlenden Zukunft voller Möglichkeiten.

Und wenn das nicht klappt, dann hilft vielleicht ein kleines bisschen Wahnsinn und die Erkenntnis, dass wir manchmal lieber allein sind, als mit einem Drama-Lama durch den Lebensdschungel zu stolpern. Selbstachtung, meine lieben Leserinnen, ist der Schlüssel – oder zumindest ein ziemlich guter Dietrich.

Literatur / Quellen

1. "Psychopath Free: Recovering from Emotionally Abusive Relationships With Narcissists, Sociopaths, & Other Toxic People" von Jackson MacKenzie** – Dieses Buch bietet Einblicke in die Auswirkungen toxischer Beziehungen und leitet Betroffene durch den Prozess der Heilung.
2. "Disarming the Narcissist: Surviving and Thriving with the Self-Absorbed" von Wendy T. Behary** – Behary liefert Strategien, um mit narzisstischen Persönlichkeiten umzugehen und sich gegen deren toxische Verhaltensweisen zu schützen.
3. "Becoming the Narcissist's Nightmare: How to Devalue and Discard the Narcissist While Supplying Yourself" von Shahida Arabi** – Arabi fokussiert darauf, wie Opfer von narzisstischem Missbrauch sich selbst stärken und aus dem Zyklus des Missbrauchs ausbrechen können.
4. "Why Does He Do That? Inside the Minds of Angry and Controlling Men" von Lundy Bancroft** – Bancroft untersucht die Psychologie hinter kontrollierendem und aggressivem Verhalten in Beziehungen, was oft mit narzisstischen Merkmalen einhergeht.
5. "The Object of My Affection Is in My Reflection: Coping with Narcissists" von Rokelle Lerner** – Lerner bietet

praktische Tipps, wie man mit Narzissten umgeht, und
erklärt, wie deren Verhalten die Beziehungsdynamik
beeinflusst.

6. "Healing from Hidden Abuse: A Journey Through the
Stages of Recovery from Psychological Abuse" von
Shannon Thomas** – Thomas leitet Leser durch den
Prozess der Erkennung und Heilung von verdecktem
Missbrauch, der oft in Beziehungen mit Narzissten
vorkommt.

Toxische Logik

Das Verhalten unseres Narzissten ist das Ergebnis seiner toxischen Logik. Er will uns verletzen, verwirren und stressen.

Stellen wir uns vor, meine lieben Leserinnen, wir sind in einem Abenteuerfilm gefangen, aber anstatt eines heldenhaften Indiana Jones haben wir es mit Narcissus Magnificus zu tun – dem Meister der emotionalen Verwirrung und des mentalen Chaos. Narcissus Magnificus will uns absolut nicht auf Dauer in sein Märchenland entführen, ganz schnell wird die Beziehung mit unserem Traummann toxisch. Schauen wir uns die Beziehungsdynamik etwas genauer an:

Minenfeld der Komplimente: Zuerst überschüttet Narcissus Magnificus uns mit Komplimenten wie ein konfettiwerfender Partygast. Doch Vorsicht! Diese Komplimente sind wie

getarnte Minen: Sie scheinen harmlos, explodieren aber in
Selbstzweifeln und Verwirrung, sobald wir glauben, wir hätten
die Anerkennung wirklich verdient.

Achterbahnfahrt der Zuneigung: Eben noch schwebten wir auf
Wolke sieben, doch plötzlich befinden wir uns in einem
emotionalen Looping. Narcissus Magnificus liebt es, uns
hochzuheben, nur um uns im nächsten Moment wieder fallen
zu lassen. Diese Achterbahnfahrt ist nicht nur verwirrend,
sondern auch extrem stressig – stellen wir sicher, dass wir
immer einen Sicherheitsgurt tragen!

Gaslighting-Labyrinth: Willkommen im Labyrinth der
Verdrehungen und Lügen! Narcissus Magnificus ist der
Meister der optischen Täuschung. Er bringt uns dazu, an
unserer eigenen Wahrnehmung zu zweifeln: „War das wirklich
so? Habe ich das falsch verstanden?" Mit ihm an unserer
Seite ist jeder Tag ein verwirrendes Rätselspiel – aber
Vorsicht, die Auflösung bringt meist nur noch mehr Verwirrung!

Isolation: Ein unheimlicher Wellnessurlaub - ein
Wellnessurlaub klingt toll, oder? Nicht bei Narcissus
Magnificus! Sein „Wellnessprogramm" besteht darin, uns von
all unseren Freunden und Familie zu isolieren. Wir sollen uns
entspannen und glauben, dass nur er uns wirklich guttut. In
Wahrheit sind wir gefangen auf einer einsamen Insel der
Verwirrung, mit ihm als einzigem, ziemlich schrägen Begleiter.

Manipulations-Masterclass: Narcissus Magnificus bietet eine
Masterclass in Manipulation an – allerdings sind wir die
unfreiwillige Schülerin. Seine toxische Logik bringt ihn dazu,
uns ständig zu kritisieren und zu manipulieren, bis wir glauben,
dass seine Wahrheit die einzig wahre ist. Es ist wie ein nie

endender Besuch in einer Horror-Zaubershow, bei der jeder
Trick ein weiteres Stück unserer Realität verschwinden lässt.

Narcissus Magnificus hat viel negative Energie in sich, weil er
die Emotionen von Neid, Angst und Hass hegt und pflegt.
Diese drei Emotionen sind entscheidend dafür verantwortlich,
wie er andere Menschen behandeln. Abgesehen von seinen
Emotionen, schauen wir uns seine Logik an. Logik wird im
Grunde als eine bestimmte Denkweise definiert, insbesondere
eine, die vernünftig ist und auf gutem Urteilsvermögen basiert.
Aber die Logik unseres Narcissus Magnificus ist fehlerhaft, da
er von negativen Emotionen beeinflusst wird. Seine Art zu
denken und Situationen und Menschen einzuschätzen kann
nur als toxische Logik bezeichnet werden. Als Ergebnis der
toxischen Logik des Narcissus Magnificus sind viele normale,
gesunde, empathische Menschen durch seine Handlungen
verwirrt und letztendlich tief verzweifelt. Es ist fast unmöglich,
herauszufinden, warum er bestimmte Dinge getan hat oder tut.
Letztendlich läuft alles darauf hinaus, dass wir anders
verdrahtet sind, anders denken.

- Es ist verrückt, wie er denkt.
- Es ist verrückt, welche Verhaltensweisen er für
  akzeptabel hält.
- Es ist verrückt, wie er Kontrolle über uns erhält.
- Es ist verrückt, wie er Macht über uns an sich reißt.
- Es ist verrückt, wie er uns mental vernichtet.
- Es ist verrückt, wie er Verwirrung stiftet.

Seine Logik ist verrückt und giftig. Aber vor allem ist sie giftig
für uns. Es tut uns weh. Es schädigt uns auf mehr als eine
Weise und es kann uns letztendlich töten. Narcissus
Magnificus Verhalten ist das Ergebnis seiner toxischen Logik

und diese toxische Logik veranlasst Narcissus Magnificus, uns
zu verletzen, zu verwirren und zu stressen.

In seinem Kopf ist alles möglich. Er denkt, dass:

- es normal ist, zu lügen,
- es normal ist, zu betrügen,
- es normal ist, andere zu benutzen,
- es normal ist, andere zu missbrauchen,
- sie das Recht haben, jeden zu bestrafen.

Wenn wir tun, was er will, dann sind wir gut. Wenn wir nicht
tun, was er will, sind wir schlecht. So einfach ist das im Kopf
von Narcissus Magnificus. Leider wissen wir jetzt und müssen
uns immer wieder in Erinnerung rufen, dass der Geist des
Narcissus Magnificus sich sehr von dem eines gesunden,
normalen, empathischen Wesens unterscheidet und somit
besteht kein Grund mehr, verwirrt und verzweifelt zu sein. Wir
sehen die Welt einfach nicht so, wie Narcissus Magnificus es
tut. Der beste Weg mit den Irrungen und Wirrungen eines
Narzissten umzugehen, ist zu akzeptieren, dass es in der
Denkweise des Narzissten nur um: "Selbsterhaltung für ihn
und Zerstörung der anderen" geht.

Indem wir am Ende des Tages alles in unseren Köpfen, was
Narcissus Magnificus tut oder auch nicht tut, hin und her
wenden und drehen, schaden wir uns nur selbst und bewegen
uns permanent im Hamsterrad der sich widersprechenden
Emotionen. Verstehen können wir es bei aller Mühe
letztendlich nicht! Egal was Narcissus Magnificus auch tut, der
Zweck heiligt in seinem Kopf die Mittel und er wird wirklich
"alles" tun, um die Kontrolle und Macht über uns nicht zu
verlieren. Wie wir uns fühlen oder wie wir am Ende enden -

mittellos, verzweifelt, hoffnungslos - interessiert ihn nicht. Sobald wir akzeptieren und verinnerlichen, dass Narcissus Magnificus mit seiner toxischen Logik nur sein Wohlbefinden, seine Vorteile, seine Bedürfnisse interessieren, wird uns klar, wie wichtig es ist, Abstand zu halten und ihn nicht in unser Leben zu lassen.

Fazit

Narcissus Magnificus ist nicht nur ein Narzisst, sondern ein regelrechter Drama-Regisseur, der das Drehbuch unserer Beziehung schreibt, um uns zu verletzen, zu verwirren und zu stressen. Denken wir daran: Jeder Superheld braucht manchmal Hilfe. Zögern wir nicht, unsere eigenen Avengers zusammenzurufen, um uns aus den Fängen dieses toxischen Regisseurs zu befreien. Bleiben wir wachsam, bewahren wir unseren Humor und vergessen wir nicht – das Leben ist zu kurz für schlecht geschriebene Drama-Skripte.

Literatur / Quellen

1. "Healing from Toxic Relationships: 10 Essential Steps to Recover from Gaslighting, Narcissism, and Emotional Abuse" by Stephanie Moulton Sarkis. In diesem Buch bietet Dr. Sarkis einen praktischen Plan zur Erholung von toxischen Beziehungen. Sie erklärt, wie man die zugrunde liegenden Mechanismen toxischen Verhaltens versteht und Wege zur Heilung findet. Zehn wesentliche Schritte helfen dabei, die Auswirkungen von Gaslighting und narzisstischem Missbrauch zu überwinden.
2. "How to Leave a Narcissist ... For Good: Moving On from Abusive and Toxic Relationships" by Dr. Sarah

Davies. Dr. Davies erklärt, wie man narzisstischen Missbrauch erkennt und sich endgültig von solchen Beziehungen trennt. Sie bietet praktische Tipps und Strategien, um das toxische Muster zu durchbrechen und ein gesundes, selbstbestimmtes Leben zu führen.

3. "The Covert Passive-Aggressive Narcissist: Recognizing the Traits and Finding Healing After Hidden Emotional and Psychological Abuse" by Debbie Mirza. Debbie Mirza beschreibt die versteckten Merkmale passiv-aggressiven Narzissmus und zeigt Wege zur Heilung nach verdecktem emotionalem und psychologischem Missbrauch. Das Buch richtet sich an Menschen, die unter verdecktem narzisstischem Missbrauch gelitten haben, und bietet Unterstützung und Strategien zur Bewältigung.

Trennungstaktiken

Merkt unser Narcissus Magnificus auch nur, den geringsten Vorteil verloren zu haben, wird er uns zeigen, wie kalt, herz- und gefühllos er in Wirklichkeit ist. Es ist, als ob er einen unsichtbaren Schalter umlegt und plötzlich von "liebendem Partner" zu "kaltem Eiszapfen" mutiert.

Wenn wir aber andererseits genug gelitten haben und bereit sind zu gehen, wird er uns zuvorkommend und die "Beziehung" als Erster beenden. Es wird sehr schmerzhaft sein, weil die Art und Weise, wie Narcissus Magnificus aus unserem Leben verschwindet, in keinster Weise freundlich oder fair ist. Hier möchte ich die häufigsten Vorgehensweisen unseres Narcissus Magnificus verraten, die uns klarmachen, dass er fertig mit uns ist:

Back-Up-Beziehung: Schon während der Beziehung mit uns hat unser narzisstischer Partner dafür gesorgt, dass die nächste Frau schon auf ihn wartet. Diese Frau kann eine Neueroberung oder eine seiner recycelten Verflossenen sein. Da Narcissus Magnificus weder die Fähigkeit hat, Scham oder Bedauern zu empfinden, gibt es keine Warnung oder Erklärung. Egal wie sehr wir weinen oder mit dem Kopf gegen die Wand laufen. Es interessiert ihn nicht! Er geht einfach und wird uns ohne jegliche Rechtfertigung zurücklassen und dafür sorgen, dass wir wissen, dass bereits eine andere präsent ist, die uns ersetzt hat. Es wird alles so unerwartet enden, wie es begonnen hat.

Wir sind schuldig: Er wird uns suggerieren, wie unzulänglich und fehlerhaft wir sind. Sein Vorgehen ist berechnend und hinterhältig, so dass wir gar nicht wissen, was uns passiert. Er wird uns tröpfchenweise sein Gift einflössen, so dass wir uns letztendlich hässlich, ungeliebt, instabil, schuldig und schlecht fühlen. Er macht uns für alles verantwortlich. Plötzlich sind wir der Grund für jede kleine Unstimmigkeit. Die Tatsache, dass die Milch im Kühlschrank sauer geworden ist? Unsere Schuld. Regen am Wochenende? Auch unsere Schuld. Er verlässt uns, weil er einfach nicht mehr mit unseren "Fehlern" leben kann.

Er wird anderen erzählen, dass er in die Fänge einer Irren geraten ist, die ihn, das arme Opfer, missbraucht und zerstört hat. Die Tragödie unseres Narcissus Magnificus ist oscarreif und wir werden nicht einmal verstehen, wie uns so etwas passieren konnte und ehe wir seinen teuflischen Plan durchschaut haben, ist er schon längst aus unserem Leben verschwunden. Wir werden allein und traurig, die Teile unserer zerschmetterten Seele zusammenkratzen. Er verschwendet keinen Gedanken an uns!

Heiß und kalt: An einem Tag wird er uns mit Liebe überschütten, am nächsten Tag wird er uns eiskalt ignorieren oder schikanieren. Egal, was wir tun, er wird uns nach Lust und Laune entweder sehen oder übersehen. Die kleinsten Dinge, wie ein Fleck auf dem Ceranfeld, werden uns vorgeworfen und sollen unser Selbstwertgefühl systematisch zerstören. Wir werden diese extrem toxische Atmosphäre nicht lange aushalten und die Beziehung beenden. Aber genau das ist es, was er mit seinem Verhalten erreichen wollte. Nicht er, sondern wir haben dem Ganzen ein Ende gesetzt. Er musste nicht abdrücken. Wir haben es getan!

Sex als Waffe: Sex ist eine sehr mächtige Waffe im Arsenal unseres Narcissus Magnificus, um uns zu demoralisieren. Er wird sie ganz genüsslich gegen uns einsetzen, wo immer er kann. Er wird uns zum Beispiel das Märchen der sexuellen Blockade unterjubeln. Er wird uns dazu treiben, ihn anzuflehen, Sex mit uns zu haben. Er wird unseren Schmerz und unsere Verzweiflung in vollen Zügen genießen.

Wir werden uns minderwertig, gedemütigt und ungeliebt fühlen. Unser Ego wird jedes Mal, wenn er "Nein" sagt, sich einfach wegdreht, immer mickriger und wir leiden, dass es körperlich weh tut. Er weiß es, aber es interessiert ihn nicht!

Fazit

Die Trennungstaktiken unseres Narcissus Magnificus sind manipulativ und kalkuliert. Er nutzt diese Methoden, um sicherzustellen, dass er die Oberhand behält und wir uns klein

und unwichtig fühlen. Aber das Wichtigste ist, sich daran zu
erinnern: Ein Narzisst wird immer ein Narzisst sein, und seine
Taktiken sind nichts weiter als ein trauriger Versuch, seine
eigene Unsicherheit zu verbergen.

Fakt ist, wenn unserem Narzissten Magnificus die Sache mit
uns zu langweilig wird, er seinen Spaß hatte, wird er das Spiel
beenden und einfach gehen. Wir werden mit den Folgen
seines Verhaltens zu kämpfen haben. Egal, wie eine
Beziehung mit Narcissus Magnificus endet, es wird höllisch
weh tun!

Literatur / Quellen

1. "Disarming the Narcissist: Surviving and Thriving with
   the Self-Absorbed" von Wendy Behary. Dieses Buch
   verwendet Schema-Therapie, um Lesern zu helfen, die
   Auslöser und Muster zu erkennen, die Narzissten
   ausnutzen. Es bietet Strategien zur effektiven
   Kommunikation mit Narzissten, insbesondere wenn der
   Kontakt unvermeidlich ist, und betont die Bedeutung
   von Achtsamkeit und Selbstmitgefühl.
2. "The Highly Sensitive Person's Guide to Dealing with
   Toxic People" von Shahida Arabi. Arabi bietet
   evidenzbasierte Techniken, die auf kognitiver
   Verhaltenstherapie (CBT) und dialektischer
   Verhaltenstherapie (DBT) basieren, um
   Manipulationstaktiken wie Gaslighting, Projektion und
   Love Bombing zu erkennen und zu bewältigen. Das
   Buch richtet sich an hochsensible Menschen und zeigt,
   wie sie sich vor toxischen Personen schützen können.
3. "Gaslighting & Narcissistic Abuse Recovery" von Don
   Barlow. Dieses Buch deckt die subtilen Taktiken von

Gaslighting auf und bietet Werkzeuge, um sich gegen diese Art von Missbrauch zu wehren. Es legt besonderen Wert auf Selbstfürsorge und den Aufbau von Selbstwertgefühl nach dem Ende einer toxischen Beziehung.

4. "You Can Thrive After Narcissistic Abuse" von Melanie Tonia Evans. Evans beschreibt einen umfassenden Heilungsprozess, der den Lesern hilft, ihre Unabhängigkeit und Selbstachtung nach dem Ende einer narzisstischen Beziehung wiederzugewinnen. Sie bietet praktische Tipps und Übungen, um das emotionale Wohlbefinden zu fördern und gesunde Beziehungen aufzubauen.

5. "Coping After a Breakup with a Narcissist: Strategies for Healing and Self-Discovery" von Mind Psychiatrist. Dieses Buch bietet praktische Strategien zur Selbstfürsorge und Heilung nach einer Trennung von einem Narzissten. Es betont die Wichtigkeit von Unterstützung durch Freunde, Familie und Therapeuten und gibt Anleitungen zum Aufbau emotionaler Stärke und zur Wiederentdeckung des eigenen Selbstwert.

Unsere Emotionen

In der Welt des Narcissus Magnificus, meine lieben Leserinnen, gibt es keinen Platz für Schwäche oder Mitgefühl. Er ist der strahlende Mittelpunkt seiner eigenen Existenz, unberührt und unberührbar. Die Emotionen, die in einer Beziehung mit Narcissus Magnificus dominieren, sind tief verwurzelt in einem komplexen Netz aus Manipulation und emotionaler Ausbeutung.

Eine der beherrschenden Emotionen in einer Beziehung mit Narcissus Magnificus ist das Gefühl der Wertlosigkeit. Narcissus Magnificus lässt uns glauben, dass unsere Gefühle und Bedürfnisse unwichtig sind. Jede emotionale Äußerung, sei es Schmerz oder Freude, wird entweder ignoriert oder benutzt, um uns noch kleiner zu machen. Anfangs waren wir vielleicht eine starke, selbstbewusste Person, aber im Laufe

145

der Zeit wird unsere Selbstachtung systematisch untergraben, bis wir nur noch ein Schatten unseres früheren Selbst sind.

Narcissus Magnificus verwendet mit Vorliebe Wortsalat und andere manipulative Kommunikationstechniken, um uns zu verwirren und zu destabilisieren. Diese ständige Verwirrung führt dazu, dass wir an unserem eigenen Verstand und unserer Wahrnehmung zweifeln. Wir finden uns in endlosen Diskussionen wieder, die nirgendwo hinführen, und fühlen uns verloren und desorientiert. Die ständige mentale Anstrengung, seine Worte zu entschlüsseln und seine wahren Absichten zu erkennen, zermürbt uns emotional und psychisch.

Eine Beziehung mit Narcissus Magnificus ist geprägt von ständiger Angst und Unsicherheit. Da seine Reaktionen unvorhersehbar sind, leben wir in ständiger Furcht vor seinen Launen. Diese Unsicherheit kann uns in einen Zustand permanenter Wachsamkeit versetzen, immer darauf bedacht, nichts falsch zu machen und seinen Zorn nicht zu wecken. Die Angst, verlassen oder emotional missbraucht zu werden, wird zu unserem ständigen Begleiter.

Narcissus Magnificus neigt dazu, uns von Freunden und Familie zu isolieren, um seine Kontrolle zu verstärken. Diese Isolation führt zu einem tiefen Gefühl der Einsamkeit. Da wir keinen Zugang zu einem unterstützenden Netzwerk haben, fühlen wir uns gefangen und hilflos. Die wenigen Beziehungen, die uns geblieben sind, werden oft durch die ständigen Manipulationen des Narzissten belastet und beschädigt.

Letztendlich führt das Zusammenspiel all dieser Emotionen zu einem tiefen Gefühl der Hoffnungslosigkeit und Verzweiflung.

Die ständige emotionale Ausbeutung und der Mangel an echtem Mitgefühl durch Narcissus Magnificus raubt uns jede Hoffnung auf eine bessere Zukunft. Wir fühlen uns gefangen in einem Teufelskreis aus emotionalem Missbrauch und sehen keinen Ausweg.

Auf eine ganz schaurige Erfahrung, meine lieben Leserinnen, die wir schwer vergessen: die Reaktion unseres Narcissus Magnificus, auf Verzweiflung, Leid und Tränen, möchte ich aus persönlichen Gründen genauer eingehen. Wenn Narcissus Magnificus uns weinen sieht, was wir in einer Beziehung mit unserem "Traummann" garantiert tun, wird seine Reaktion von Verärgerung bis hin zu einer befremdlichen Zufriedenheit reichen. Wir, meine lieben Leserinnen, befinden uns in einer tiefen emotionalen Krise. Wir weinen, unser Herz ist schwer, und unsere Seele ist verletzt. Wir wenden uns an Narcissus Magnificus in der Hoffnung auf Trost oder zumindest Verständnis. Doch was uns entgegenschlägt, ist eine eisige Wand der Gleichgültigkeit, gemischt mit unverhohlener Irritation.

Zunächst sehen wir in seinen Augen einen Anflug von Verärgerung. Wie können wir es wagen, seine Ruhe und Selbstzufriedenheit mit solch einer unschönen Szene zu stören? Tränen und Leid sind für Narcissus Magnificus nichts weiter als lästige Störungen in seiner perfekt inszenierten Welt. Seine Stirn legt sich in tiefe Falten, und seine Lippen verziehen sich zu einem ungeduldigen Zucken. „Was ist los mit dir?", scheint er zu denken, „Warum heulst du?".

Doch dann geschieht etwas noch viel Erschreckenderes. Nach der anfänglichen Verärgerung folgt eine Art seltsame Befriedigung. Ein kaltes, triumphierendes Glitzern tritt in seine

Augen. Er genießt es, unsere Tränen zu sehen, nicht weil er
Mitleid empfindet, sondern weil sie seine Macht und
Überlegenheit bestätigen. In unserem Leid sieht er eine
Gelegenheit, seine eigene Unantastbarkeit zu feiern. Er fühlt
sich erhaben und stark, während wir vor ihm in Tränen
aufgelöst sind.

Er nimmt uns nicht in den Arm, findet keine tröstenden Worte.
Per WhatsApp bombardiert er uns mit Liebesschwüren und
Versicherungen, wie viel wir ihm bedeuten, aber im realen
Leben ist er ein absoluter emotionaler Ödländer. Die
Befriedigung, die er aus unserem Schmerz zieht, ist tief
verstörend. Es ist, als würde er unsere Schwäche als eine Art
Trophäe betrachten, die seine eigene Stärke und emotionale
Unverwundbarkeit bestätigt. In diesem Moment der Kälte und
Herzlosigkeit muss uns klar werden, dass er nicht nur unfähig
ist, echte Empathie zu empfinden, sondern dass er sich
geradezu daran labt, unsere Hilflosigkeit zu sehen.

Er bedankt sich innerlich bei uns, nicht für unsere
Anwesenheit, sondern dafür, dass wir ihm eine erneute
Bestätigung seiner eigenen Größe gegeben haben. Unsere
Tränen sind für ihn nichts weiter als eine Bestätigung seiner
Macht über uns. Während wir uns immer kleiner und
unbedeutender fühlen, wächst seine Selbstverliebtheit.

Unsere Tränen, unsere Verzweiflung sind nur Fußnoten in
seiner Geschichte der Selbstverliebtheit. Und so bleibt er, kalt
und herzlos, unfähig zu echter menschlicher Nähe, aber
unerschütterlich in seiner selbstgefälligen Überlegenheit.
Diese Begegnung mit der eisigen Reaktion unseres Narcissus
Magnificus ist eine Lektion der dunklen Seite menschlicher
Beziehungen. Sie zeigt uns, wie tief die emotionale Kluft sein

kann, wenn man es mit jemandem zu tun hat, der nur sich selbst liebt und alle anderen als bloße Statisten in seinem eigenen Drama betrachtet.

Fazit

Die Beziehung mit Narcissus Magnificus transformiert uns von einer starken, emotional stabilen Person in eine blubbernde Pfütze aus Tränen. Der emotionale Missbrauch durch den Narzissten hinterlässt tiefe Wunden und kann uns in einen Zustand der emotionalen Lähmung versetzen. Um sich aus dieser toxischen Dynamik zu befreien, ist es wichtig, professionelle Hilfe in Anspruch zu nehmen, Grenzen zu setzen und ein unterstützendes Netzwerk aufzubauen, das uns hilft, unsere emotionale Stärke und Selbstachtung wiederzuerlangen.

Literatur / Quellen

1. "Emotional Vampires: Dealing with People Who Drain You Dry" von Albert Bernstein. Dieses Buch verwendet die Metapher von „Vampiren", um Menschen zu beschreiben, die die emotionale Energie ihrer Mitmenschen aufsaugen, ähnlich wie Narzissten. Es bietet Strategien, um effektiv mit narzisstischen "Vampiren" umzugehen und das eigene emotionale Wohlbefinden zu schützen. Bernstein erklärt komplexe psychologische Konzepte auf verständliche Weise und gibt praktische Tipps für den Alltag.
2. "Rethinking Narcissism: The Secret to Recognizing and Coping with Narcissists" von Craig Malkin. Malkin stellt das Konzept des „gesunden Narzissmus" vor und erklärt, wie es sich von schädlichem narzisstischem

Verhalten unterscheidet. Das Buch hilft Lesern, das
Spektrum narzisstischer Verhaltensweisen zu
verstehen, und bietet Strategien zum Umgang mit
Narzissten, sowohl im persönlichen als auch im
beruflichen Umfeld. Es betont das Verständnis und die
Bewältigung von Narzissmus, ohne die Betroffenen zu
verteufeln.

3. "The Narcissist in Your Life: Recognizing the Patterns
    and Learning to Break Free" von Julie L. Hall. Dieses
    Buch beleuchtet die Muster narzisstischen
    Missbrauchs und dessen emotionale Auswirkungen. Es
    hilft den Lesern, die Anzeichen von Narzissmus zu
    erkennen und gibt Anleitungen zur Überwindung des
    Traumas. Themen wie Gaslighting, Projektion und
    emotionaler Missbrauch werden detailliert behandelt,
    und es bietet praktische Ratschläge zur Genesung und
    Selbststärkung.

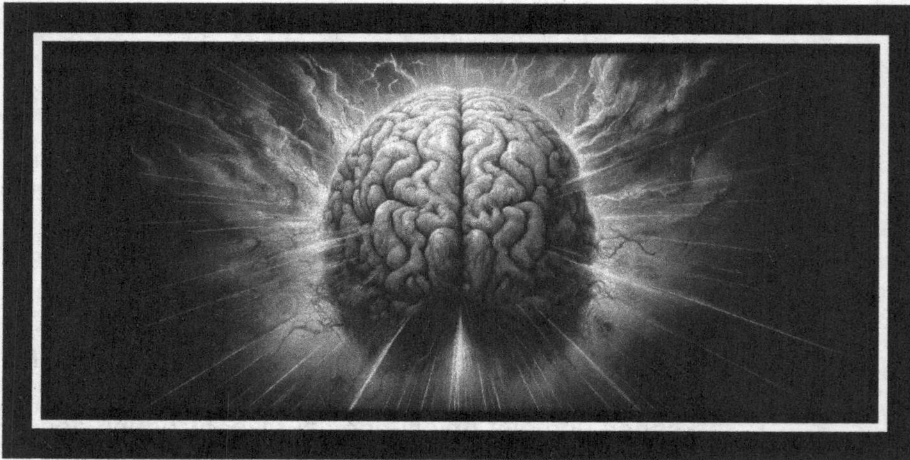

Unser Gehirn

Wenn wir verliebt sind, wirkt die Welt, als ob sie in Pastellfarben gemalt wurde, und wir blicken durch eine rosarote Brille. Unsere besten Freunde sehen uns an, schütteln den Kopf und fragen sich, ob wir noch alle Tassen im Schrank haben. Aber wer könnte es uns verübeln? Schließlich veranstalten Schmetterlinge einen Karneval in unserem Bauch und unser Herz trommelt den Rhythmus einer Liebesschnulze. In dieser Phase sind wir vollgepumpt mit Glückshormonen wie Dopamin und Oxytocin. Diese Hormone lassen uns die Welt durch eine optimistische, wenn auch unrealistische Linse sehen. Die kleinen Fehler und die Macken unseres Lieblingsmenschen sehen wir nicht oder wir interpretieren sie als „charmante Eigenheiten."

Doch was passiert, wenn unser Herzblatt sich als "Narcissus Magnificus" entpuppt? Plötzlich wird unsere rosarote Brille zur dunklen Sonnenbrille, die wir nicht mehr loswerden. Der dauerhafte Stress einer toxischen Beziehung ist wie ein unsichtbarer Untermieter, der heimlich in unser Gehirn einzieht und sich dort gemütlich einrichtet.

Warum ist Stress so schädlich für unser Gehirn? Nun, stellen wir uns vor, meine lieben Leserinnen, unser Gehirn ist eine hippe WG. Der Hippocampus ist der ordnungsliebende Mitbewohner, der für das Gedächtnis verantwortlich ist. Wenn der Stress-Untermieter einzieht, fängt er an, überall Chaos zu verbreiten. Er lässt dreckige Socken herumliegen, isst alle Snacks und wirft ständig Partys, die den Hippocampus völlig aus der Fassung bringen. Der arme Hippocampus kann sich kaum noch konzentrieren, verliert ständig seine Schlüssel und vergisst, wann die nächste Miete fällig ist. Dieser Stress-Typ bringt auch seinen Kumpel namens Kognitive Dissonanz mit, der es liebt, uns ständig widersprüchliche Nachrichten zu schicken. "Liebe deinen Narzissten! Nein, hasse ihn!" Kein Wunder, dass wir komplett verwirrt sind. Und dann gibt es noch die Missbrauchsamnesie, die wie ein nächtlicher Ninja unsere Erinnerungen klaut und sie unter dem Sofa versteckt. Am nächsten Morgen wachen wir auf und fragen uns, warum wir überhaupt in dieser WG gelandet sind. Kurz gesagt, Stress verwandelt unser Gehirn in ein chaotisches Durcheinander, das mehr Durcheinander hinterlässt als ein Rockkonzert. Deshalb ist es wichtig, den Stress-Untermieter so schnell wie möglich vor die Tür zu setzen – bevor unser Gehirn endgültig den Verstand verliert! Spaß beiseite, schauen wir uns die Folgen für unser Gehirn genauer an.

Hippocampus in Not: Stellen wir uns den Hippocampus als kleinen Bibliothekar in unserem Gehirn vor, der akribisch Erinnerungen sortiert und lernt. In einer toxischen Beziehung ist dieser Bibliothekar ständig überarbeitet und unterbezahlt. Stresshormone wie Cortisol fluten in sein Büro, und er kann einfach nicht mehr Schritt halten. Der arme Kerl fängt an, Regale umzustoßen und Bücher falsch zu sortieren, denn wiederholter emotionaler Stress führt zu einer übermäßigen Produktion des Stresshormons Cortisol. Hohe Cortisolspiegel können den Hippocampus schädigen, indem sie die Neurogenese (die Bildung neuer Neuronen) hemmen und den Abbau bestehender Neuronen fördern. Dadurch kann der Hippocampus im Laufe der Zeit schrumpfen, was zu Gedächtnisproblemen und Lernschwierigkeiten führt.

Amygdala auf Steroiden: Unsere Amygdala, die kleine Alarmanlage, die uns vor Gefahren warnt, ist plötzlich auf Steroiden. Sie schlägt ständig Alarm, selbst wenn nur ein Blatt vom Baum fällt. In einer toxischen Beziehung vergrößert sich diese Alarmanlage und übertönt jede Vernunft. Kein Wunder, dass wir uns ständig ängstlich und auf dem Sprung fühlen. Bei wiederholtem emotionalem Stress wird die Amygdala überaktiv. Die ständige Aktivierung durch negative Emotionen und Stress führt dazu, dass die Amygdala an Größe zunimmt. Eine vergrößerte Amygdala kann die emotionale Reaktivität erhöhen, was bedeutet, dass wir schneller und intensiver auf stressige oder beängstigende Situationen reagieren.

Die Amygdala wird auch als Teil des "Reptiliengehirns" bezeichnet, weil sie eine zentrale Rolle in den primitiven und instinktiven Reaktionen spielt, die mit Überleben und grundlegenden Emotionen verbunden sind. Hier sind die Hauptgründe für diese Bezeichnung:

1. Triune Brain Theory:

- Die Bezeichnung stammt aus der Theorie des Triune
  Brain, die in den 1960er Jahren von dem
  Neurowissenschaftler Paul D. MacLean entwickelt
  wurde. Diese Theorie besagt, dass das menschliche
  Gehirn aus drei evolutionär unterschiedlichen Teilen
  besteht:
  - Reptilian Complex (R-Komplex): Der älteste
    Teil, zuständig für grundlegende
    Überlebensfunktionen und instinktive
    Verhaltensweisen.
  - Limbic System: Der mittlere Teil, verantwortlich
    für Emotionen, Erinnerungen und soziale
    Bindungen.
  - Neocortex: Der jüngste Teil, zuständig für
    höhere kognitive Funktionen wie Denken,
    Planen und Problemlösen.

2. Evolutionäre Perspektive:

Der "Reptilian Complex" umfasst Strukturen, die bei Reptilien
und anderen frühen Wirbeltieren vorherrschend sind und die
für grundlegende Verhaltensweisen wie Kampf, Flucht,
Ernährung und Fortpflanzung verantwortlich sind. Da die
Amygdala Teil des limbischen Systems ist und eng mit diesen
primitiven Reaktionen verbunden ist, wird sie oft in den
Kontext des "Reptiliengehirns" gestellt.

Funktionen der Amygdala

- Emotionale Reaktionen: Die Amygdala ist
  entscheidend für die Verarbeitung von Emotionen,
  insbesondere von Angst und Aggression. Diese
  Emotionen sind eng mit Überlebensinstinkten

verbunden, die auch bei Reptilien beobachtet werden
können.

- Fight-or-Flight-Reaktion: Die Amygdala spielt eine
  Schlüsselrolle bei der Aktivierung der "Fight-or-Flight"-
  Reaktion, einer instinktiven Reaktion auf Bedrohungen.
  Diese Reaktion ist eine der grundlegendsten und
  primitivsten Überlebensmechanismen.
- Unbewusste Prozesse: Viele der Funktionen der
  Amygdala sind unbewusst und automatisiert, ähnlich
  wie die Verhaltensweisen, die durch das
  Reptiliengehirn gesteuert werden. Diese Prozesse
  erfordern keine bewusste Kontrolle und laufen
  automatisch ab, um schnelle Reaktionen auf
  potenzielle Gefahren zu ermöglichen.

Die Bezeichnung "Reptiliengehirn" für die Amygdala und
ähnliche Strukturen basiert auf ihrer Rolle in den primitiven
und instinktiven Reaktionen, die eng mit
Überlebensmechanismen verbunden sind. Diese Strukturen
sind evolutionär sehr alt und teilen viele ihrer Funktionen mit
den Gehirnen von Reptilien und anderen frühen Wirbeltieren.
Daher wird die Amygdala oft im Kontext des "Reptiliengehirns"
erwähnt, um ihre grundlegende und instinktive Natur zu
betonen.

Es ist auch für die Kampf- oder Fluchtreaktion verantwortlich.
Opfer von narzisstischem Missbrauch leben fast täglich in
diesem Zustand. Im Laufe der Zeit erinnern sich die
Amygdalae an die Dinge, die wir jedes Mal gefühlt, gesehen
und gehört haben, wenn wir eine schmerzhafte Erfahrung
gemacht haben. Unterschwellige Hinweise auf solche
stressigen Ereignisse (sogar Fotos) lösen den Angriff oder die
Fluchtroutinen des Organs aus und lösen

Vermeidungsverhalten oder innere Unruhe aus (ein weiterer guter Grund, unseren Ex nicht in den sozialen Medien zu stalken).

Langfristige Konsequenzen für unser Gehirn in einer Beziehung mit Narcissus Magnificus zu sein, sind:

Langfristiger Stress und der Hippocampus: Chronischer Stress, wie er in einer toxischen Beziehung häufig vorkommt, kann den Hippocampus schädigen. Der Hippocampus schrumpft durch anhaltenden Stress, was seine Funktion beeinträchtigt.

Gefühle von Verwirrung: Wenn der Hippocampus beeinträchtigt ist, kann das Gedächtnis und die Fähigkeit, Informationen zu verarbeiten, gestört sein. Opfer können Schwierigkeiten haben, die Realität klar zu sehen, was zu Verwirrung führt.

Kognitive Beeinträchtigungen: Ein geschrumpfter Hippocampus beeinträchtigt die Fähigkeit, neue Informationen zu lernen und sich an bereits Gelerntes zu erinnern. Dies können das tägliche Leben und die Leistungsfähigkeit in Schule oder Beruf erheblich beeinträchtigen.

Emotionale Instabilität: Eine vergrößerte Amygdala führt zu einer erhöhten emotionalen Reaktivität. Dies bedeutet, dass wir intensiver und häufiger Gefühle wie Angst, Trauer und Scham erlebt. Diese emotionalen Zustände beeinträchtigen das allgemeine Wohlbefinden und die Lebensqualität stark. Verstärkter Stresskreislauf: Ein geschädigter Hippocampus und eine vergrößerte Amygdala können sich gegenseitig negativ beeinflussen. Der Hippocampus hat normalerweise eine hemmende Wirkung auf die Stressantwort, aber wenn er geschwächt ist, kann er diese Funktion nicht mehr effektiv ausüben. Gleichzeitig verstärkt eine überaktive Amygdala den Stress und die emotionale Reaktion, wodurch ein Teufelskreis entsteht.

In einer Studie, die von einem Team von Forschern der University of New Orleans und der Stanford University durchgeführt wurde, hatten Patienten mit dem höchsten Cortisol zu Studienbeginn und einer größeren Anzahl von PTBS-Symptomen im Laufe der Zeit die größten Abnahmen des Hippocampusvolumens.

Mit anderen Worten: Je länger wir mit unserem Narcissus Magnificus zusammenbleiben, desto mehr Verschlechterung können wir von unserem Hippocampus erwarten.

Hier sind einige Tipps unserem Narcissus Magnificus zu entkommen:
Notausgang finden: Manchmal hilft nur die Flucht. Packen wir unsere Sachen, nehmen die nächste Abkürzung und lassen unseren "Narcissus Magnificus" hinter uns. Unsere geistige Gesundheit wird es uns danken.
Freunde einbeziehen: Hören wir auf unsere Freunde und unsere Familie, selbst wenn ihre Ratschläge wie kaltes Wasser im Gesicht wirken. Sie wollen nur das Beste für uns.
Selbstfürsorge praktizieren: Machen wir Dinge, die uns Freude bereiten und unseren Stresspegel senken. Ein warmes Bad, ein guter Film oder ein Spaziergang im Park können Wunder wirken.

Obwohl toxische Beziehungen und chronischer Stress erhebliche Schäden anrichten können, gibt es viele Wege, um den Hippocampus wiederherzustellen und die Aktivität der Amygdala zu regulieren. Durch regelmäßige körperliche Aktivität, eine gesunde Ernährung, geistige Stimulation, Stressbewältigungstechniken und soziale Unterstützung kann die Gehirngesundheit verbessert und der Heilungsprozess gefördert werden. Diese Maßnahmen tragen dazu bei, die kognitiven Funktionen zu stärken, emotionale Reaktionen besser zu kontrollieren und insgesamt ein gesünderes und ausgeglicheneres Leben zu führen.

Fazit

Liebe mag blind machen, aber eine toxische Beziehung kann unser Gehirn völlig durcheinanderbringen. Mit einer Portion Humor, der Unterstützung von Freunden und einer gesunden Dosis Selbstfürsorge können wir den Weg zurück zu einem stressfreien Leben finden. Und wer weiß, vielleicht wartet hinter der nächsten Ecke eine neue, gesündere Liebe – ohne rosa oder dunkle Brille.

Literatur / Quellen

1. "The Deepest Well: Healing the Long-Term Effects of Childhood Adversity" von Nadine Burke Harris. Dieses Buch untersucht, wie belastende Kindheitserfahrungen (ACE) und toxischer Stress das Gehirn und den Körper ein Leben lang beeinflussen können. Harris, eine Kinderärztin, erklärt anhand wissenschaftlicher Erkenntnisse und Fallbeispiele, wie toxische Beziehungen zu chronischem Stress führen und die Gesundheit negativ beeinflussen. Das Buch ist besonders hilfreich, um zu verstehen, wie frühe traumatische Erfahrungen und toxische Beziehungen

dauerhafte neurologische Veränderungen und gesundheitliche Probleme verursachen können.

2. "Toxic Parents: Overcoming Their Hurtful Legacy and Reclaiming Your Life" von Susan Forward. Susan Forward beschreibt die tiefgreifenden Auswirkungen, die toxische Eltern-Kind-Beziehungen auf das Erwachsenenleben haben können. Sie bietet Strategien zur Bewältigung und Heilung von emotionalem Missbrauch und den damit verbundenen Stress. Obwohl der Fokus auf Eltern liegt, sind die beschriebenen Mechanismen und Bewältigungsstrategien auf alle Arten toxischer Beziehungen anwendbar.

3. "In Sheep's Clothing: Understanding and Dealing with Manipulative People" von George K. Simon. Dieses Buch liefert Einblicke in die manipulativen Taktiken, die von toxischen Persönlichkeiten verwendet werden, und wie diese Taktiken chronischen Stress und mentale Gesundheitsprobleme verursachen. Es hilft dabei, diese Verhaltensweisen zu erkennen und zu bewältigen. Es bietet praktische Ratschläge, um sich gegen manipulative Menschen zu schützen und die eigene geistige Gesundheit zu bewahren.

4. "Why Does He Do That? Inside the Minds of Angry and Controlling Men" von Lundy Bancroft. Bancroft erklärt die Denkweisen von Männern, die in toxischen Beziehungen kontrollierend und missbräuchlich sind. Das Buch zeigt auf, wie solche Verhaltensweisen zu anhaltendem Stress und psychischen Belastungen bei den Opfern führen. Dieses Buch hilft, die psychologischen Mechanismen hinter toxischem Verhalten zu verstehen und bietet Wege zur Bewältigung und Heilung.

Unser Wert

Mittlerweile weiß jeder, meine lieben Leserinnen, Narcissus Magnificus verhält sich in der Regel nicht so wie alle anderen. Er erlebt Gefühle auch nicht auf die gleiche Weise wie der Durchschnittsbürger. Im Grunde genommen betrachtet Narcissus Magnificus andere Frauen und auch Männer als Objekte. Der Wert, den Narcissus Magnificus uns bemisst, steht in der Regel in direktem Zusammenhang mit dem, was er von uns bekommen kann.

Wenn wir Narcissus Magnificus mit Geld unterstützen, ist das der Wert, den wir für ihn haben. Das heißt, wenn wir kein Geld mehr haben oder ihm kein Geld mehr geben wollen, wird unser Wert in seinem Leben drastisch sinken. Und so dramatisch es klingen mag, Narcissus Magnificus ist bei unserem Wertverlust durchaus in der Lage, uns eiskalt

wegzuwerfen. Er braucht uns nicht mehr. Für Narcissus
Magnificus sind wir eben nur ein Objekt und werden
gnadenlos aussortiert.

Leider denken wir gutgläubigen, großzügigen Frauen leider
viel zu oft, meine lieben Leserinnen, wir müssen unseren
Narcissus Magnificus finanziell, weil es Liebe ist? Denken wir
nochmal nach! In Wirklichkeit sind wir nur ein wandelnder
Geldautomat für ihn. Lasst uns diesen Gedanken mit einem
Lächeln auf den Lippen weiterspinnen. Wir sind für ihn ein
Geldautomat mit Beinen und Herz. Narcissus Magnificus hat
nicht nur unsere PIN, sondern auch unsere Seele geknackt.
Seine Zuneigung steigt und fällt mit unserem Bankguthaben.
Jedes nette Wort, das uns Narcissus Magnificus zukommen
lässt, kostet eine Service-Gebühr. Jetzt stellen wir uns jetzt die
katastrophale Tatsache vor, unser Konto ist leer oder wir
entscheiden, die finanzielle Unterstützung einzustellen.
Plötzlich verwandeln wir uns vom Goldesel in eine wertlose
Münze.

Narcissus Magnificus wird verzweifelt unsere Knöpfe drücken,
aber es kommt kein Geld mehr raus. "Out of Service" blinkt in
großen, roten Lettern auf unserer Stirn. Ohne unsere
finanzielle Unterstützung sind wir in den Augen unseres
Narcissus Magnificus weniger wert als das bunte Geld aus
dem Monopoly-Spiel – nett anzusehen, aber vollkommen
nutzlos. Wenn wir unseren Wert für Narcissus Magnificus
verloren haben, sind wir schneller ausrangiert als die
Sommermode im Herbst. Wir werden behandelt wie ein altes
Möbelstück, das auf den Sperrmüll gehört. Narcissus
Magnificus macht sich mit freudiger Erwartung auf die Suche
nach einem neuen, glänzenden Geldautomaten. Er versucht
vielleicht noch, ein paar letzte Vorteile aus uns zu ziehen,

bevor er uns endgültig verwirft – wie jemand, der seine alten CDs auf dem Flohmarkt verhökert.

Aber keine Sorge, auch ein ehemaliger Geldautomat kann sich in eine wertvolle Schatzkiste verwandeln, wenn er endlich Narcissus Magnificus los ist. Ohne Narzissten können wir endlich unsere Software upgraden und uns selbst neu entdecken und wir werden feststellen, dass unser Leben ohne den Druck, immer "flüssig" sein zu müssen, viel schöner ist. Wir können endlich unsere Energie und unser Geld in uns selbst investieren.

Schauen wir uns in einem zweiten Beispiel den Intimitäts-Phobiker an. Narcissus Magnificus ist im Allgemeinen nicht in der Lage, echte Intimität zuzulassen, oft haben diese Männer sogar eine Phobie davor, daher ist es für sie leicht, wegzugehen, wenn sie nicht mehr das Gefühl haben, dass sie von der Beziehung profitieren können. Wenn er das Gefühl hat, dass die Beziehung ihm nicht mehr dient, ist er schneller weg, als wir "emotionale Tiefe" sagen können. Lasst uns diesen Gedanken weiterverfolgen: Stellen wir uns vor, Narcissus Magnificus wäre ein Vampir, aber anstatt Knoblauch und Sonnenlicht fürchtet er sich vor Nähe und echter Verbundenheit. Für Narcissus Magnificus ist Intimität wie Kryptonit für Superman. Ein Hauch davon, und er ist außer Gefecht gesetzt. Unser Wunsch nach Nähe löst bei ihm Fluchtreflexe aus. Sobald es emotional wird, geht in seinem Kopf schrillend die Alarmanlage los: "Achtung! Intimität im Anmarsch! Sofortiger Rückzug!".

Seine emotionalen Bindungen sind so leicht wie ein Handgepäckstück. Keine unnötigen Gefühle oder Anhänglichkeit, die ihn beschweren könnten. Wenn er spürt, dass der Nutzen der Beziehung nachlässt, wir uns nicht mehr am ausgestreckten Arm emotional verhungern lassen, nimmt er den letzten Zug zurück nach Egozentria, wo er der König seines eigenen Reichs ist.

Egal wie oft ich es schreibe, aber in den Augen von Narcissus Magnificus sind wir nur Objekte, die ihm dienen sollen. Wenn wir unseren Zweck erfüllt haben oder nicht mehr nützlich sind, werden wir gnadenlos aussortiert. Das heißt im Klartext, sobald unser "Verfallsdatum" erreicht ist – sprich, wir ihm keinen Nutzen mehr bringen – werden wir wie abgelaufenes Joghurt im Kühlschrank behandelt: schnell entsorgen. Der wichtigste Punkt in der Gebrauchsanweisung unseres Narcissus Magnificus für Subjekte und Objekte lautet: "Wenn nicht mehr nützlich, sofort wegwerfen!". Für ihn sind wir weniger wert als das kostenlose Spielzeug aus dem Ü-Ei.

Aber keine Sorge, selbst wenn Narcissus Magnificus uns wegwirft, können wir uns selbst wieder aufbauen und unseren echten Wert erkennen. Narcissus Magnificus mag keine Intimität zulassen und uns als wertlos erachten, sobald wir ihm nicht mehr nützen. Doch unser echter Wert liegt nicht in seiner Einschätzung. Wir sind mehr als nur Nutzobjekte und haben das Recht auf echte, erfüllende Beziehungen. Wir sind mehr wert als er jemals erkennen wird!

Narcissus Magnificus, meine lieben Leserinnen, hat eine Menge Bedürfnisse, und er sammelt Frauen um sich wie Pokémon-Karten – jede muss einen speziellen Zweck erfüllen. Wenn wir die Rolle, die er uns zugedacht hat, nicht spielen können, versucht er, uns mit aller Kraft hineinzupressen, egal wie unpassend es auch sein mag. Denken wir diesen

Gedanken weiter, um zu zeigen, wie unsere Rollen unseren
Wert für ihn bestimmt.

Da sich Narcissus Magnificus schnell langweilt, sein Bedarf
nach narzisstischer Versorgung unstillbar ist, befindet er sich
in einer nie endenden Casting-Show. Jede Frau in seinem
Leben muss anfangs vorsprechen und eine spezifische Rolle
übernehmen. Diese Rollen können wie folgt aussehen:

- Die Cheerleaderin: Sie muss ständig seine Erfolge
  bejubeln und ihm zujubeln, als wäre er der nächste
  große Sportstar. Selbst wenn er nur den Müll
  rausgebracht hat, erwartet er stehende Ovationen
- Die Seelenklempnerin: Ihre Aufgabe ist es, seine
  emotionalen Wunden zu flicken und ihm zu versichern,
  dass er das Zentrum des Universums ist – Tag und
  Nacht.
- Die Bankerin: Sie ist dafür zuständig, seine finanziellen
  Bedürfnisse zu decken, und das bitte ohne Fragen zu
  stellen. Ihr Konto ist seine persönliche Schatzkammer.

Wenn wir es nicht schaffen, unsere Rolle perfekt zu spielen,
wird Narcissus Magnificus uns zwingen, in diese Form zu
passen, auch wenn es völlig unangemessen ist. Selbst wenn
wir in einer Pizzeria arbeiten, erwartet er, dass wir ihm Pizza
umsonst bringen, als wäre das ein Teil unseres Jobs. Des
Weiteren erwartet er, dass wir in den sozialen Medien
sicherstellen, dass jeder ihn bewundert. Unser Privatleben?
Unwichtig! Auch will er uns in die Form einer Zauberin
pressen, indem er von uns verlangt, dass wir seine Probleme
mit einem Fingerschnippen lösen, selbst wenn wir keine
magischen Fähigkeiten besitzen.

Unser Wert in seinem Leben wird allein davon bestimmt, wie gut wir seine Bedürfnisse erfüllen. Er hat ein dynamisches Bewertungssystem, das ständig schwankt:

- Der Superhelden-Status: Wenn wir seine Erwartungen übertreffen, werden wir als Superwoman gefeiert. Wir sind der Star seines Lebens – bis wir es nicht mehr sind.
- Der Abstieg zur Nebenrolle: Sobald wir seine Bedürfnisse nicht mehr zu seiner vollsten Zufriedenheit erfüllen, werden wir zur unwichtigen Nebenrolle degradiert, die kaum noch Bildschirmzeit bekommt.
- Der Bösewicht: Wenn wir es wagen, seine Erwartungen zu untergraben, werden wir sofort zum Bösewicht erklärt und aus der Handlung verbannt.

Auch wenn Narcissus Magnificus uns ständig in neue Rollen zwingt, die oft lächerlich und unrealistisch sind, sollten wir nicht vergessen, dass unser wahrer Wert nicht von ihm definiert wird.

Für einen anständigen, fürsorglichen Menschen ist es fast unmöglich, den Werteindex unseres Narcissus Magnificus zu verstehen. Aus unserer Sicht scheint er genau zu wissen, dass er uns verletzt – und es absichtlich tut. Denken wir diesen Gedanken weiter und beleuchten, warum er unseren wahren Wert, unsere guten Absichten und Bemühungen nicht würdigen kann oder will. Der ganz persönliche Werteindex unseres Narcissus Magnificus ist ein wahres Mysterium, wie ein verschlüsselter Code, den nur er selbst versteht. Für uns bleibt es ein Rätsel, warum er unseren Wert nicht erkennt. Durch seine einseitige Wahrnehmung zählt nur, was ihm direkt nützt. Unsere Fürsorge und Unterstützung werden als selbstverständlich angesehen, ohne jemals wirklich geschätzt zu werden. Seine verzerrten Prioritäten liegen nicht auf emotionaler Bindung oder gegenseitiger Wertschätzung. Stattdessen sieht er uns nur als Mittel zum Zweck, um seine Bedürfnisse zu erfüllen.

Es scheint, als würde Narcissus Magnificus absichtlich ignorieren, wie sehr er uns verletzt. Aber warum? Das liegt einfach an seiner Selbstzentrierung. Sein eigenes Wohlbefinden steht über allem. Er kann und will nicht sehen, wie seine Handlungen uns beeinflussen, solange er selbst davon profitiert. Durch das Halten einer emotionalen Distanz vermeidet er jegliche Schuldgefühle und bleibt in seiner eigenen Welt der Selbstverherrlichung gefangen.

Unsere guten Absichten und Bemühungen, ihn zu unterstützen und zu stärken, werden von ihm einfach nicht gewürdigt. Wir können Berge versetzen, und es würde ihm nicht auffallen. Jede Anstrengung, ihm zu gefallen oder zu helfen, ist wie Wasser in ein bodenloses Faß zu schütten. Es ist nie genug, und es gibt keinen Punkt, an dem er zufrieden ist. Egal, wie sehr wir uns bemühen, unsere Unterstützung bleibt für ihn unsichtbar, weil er nur sich selbst im Mittelpunkt sieht. Wir, meine lieben Leserinnen, versuchen verzweifelt ein bodenloses Fass mit Wasser zu füllen. Genauso ist es, wenn wir versuchen, Narcissus Magnificus zufriedenzustellen. Egal, wie viel wir hineinschütten, das Fass bleibt leer. Wir könnten einen ganzen Ozean hineingießen, und Narcissus Magnificus würde immer noch durstig nach mehr Anerkennung und Lob schreien. Egal, wie sehr wir uns bemühen, unsere Unterstützung bleibt für ihn unsichtbar. Wir könnten uns ein Bein ausreißen, und er würde es nicht bemerken. Unsere

Anstrengungen sind für ihn wie ein Phantom – sie existieren einfach nicht in seiner Wahrnehmung. Er sieht nur sich selbst.

Fazit

Es ist ironisch und schmerzhaft zugleich, dass Narcissus Magnificus nie zufrieden ist und unsere Bemühungen nie sieht. Doch in dieser Ironie liegt eine wichtige Lektion: Unser Wert wird nicht durch seine Wahrnehmung definiert. Also hören wir auf, Wasser in ein bodenloses Faß zu schütten. Nehmen wir unsere Energie und investieren sie in uns selbst und in Menschen, die unsere Unterstützung wirklich schätzen. Wir müssen verstehen, dass unser echter Wert nicht durch seine Augen definiert wird. Wir sind der Star unserer eigenen Geschichte. Schreiben unser eigenes Drehbuch und umgeben uns mit Menschen, die unseren wahren Wert erkennen.

Literatur / Quellen

1. "Narcissistic Lovers" von Cynthia Zayn. Dieses Buch beleuchtet die komplizierte Dynamik in Beziehungen mit narzisstischen Partnern. Es bietet praktische Ratschläge und Strategien, um manipulative Verhaltensweisen zu erkennen und sich selbst zu schützen. Zayn nutzt ihre Erfahrungen als Therapeutin, um Leser durch die Herausforderungen und Heilungsprozesse solcher Beziehungen zu führen. Es hilft, den eigenen Wert zu erkennen und zu bewahren, auch wenn der narzisstische Partner dies nicht zu schätzen weiß.
2. "Why Is It Always About You?" von Sandy Hotchkiss. Hotchkiss untersucht die manipulativen und selbstzentrierten Verhaltensweisen von Narzissten und

deren Auswirkungen auf ihre Partner. Das Buch bietet wertvolle Einblicke in die Verhaltensmuster von Narzissten und gibt praktische Tipps, wie man Grenzen setzt und seinen eigenen Wert zurückgewinnt. Es unterstützt Leser dabei, ihren eigenen Wert zu erkennen und zu schützen, indem es klare Strategien zur Selbstbehauptung vermittelt.

3. "The Covert Passive-Aggressive Narcissist" von Debbie Mirza. Mirza erforscht die subtilen, aber schädlichen Verhaltensweisen von verdeckten narzisstischen Persönlichkeiten. Sie bietet wertvolle Ratschläge und Strategien, um diese Manipulationen zu erkennen und sich dagegen zu schützen. Das Buch hilft dabei, die eigenen Bemühungen und guten Absichten zu schätzen und sich vor den schädlichen Auswirkungen einer Beziehung mit einem narzisstischen Partner zu schützen.

4. "You Can Thrive After Narcissistic Abuse" von Melanie Tonia Evans. Evans bietet einen umfassenden Leitfaden zur Erholung nach narzisstischem Missbrauch. Sie lehrt, wie man sich emotional von einem Narzissten löst, die eigene Wertschätzung wiedererlangt und zu einem erfüllten Leben zurückfindet. Dieses Buch zeigt Wege auf, wie man seinen Selbstwert erkennt und stärkt, auch nachdem man die schädliche Beziehung verlassen hat.

Untreue

Menschen, die darauf konditioniert wurden, immer darüber nachzudenken, was sie glücklich und zufrieden macht - und zu glauben, dass es das Wichtigste ist, dass ihre Bedürfnisse erfüllt werden - sind eher Serienbetrüger", sagte die in Sydney ansässige klinische Psychologin Jacqui Manni

Meine lieben Leserinnen, heute wagen wir uns an ein besonders schmerzhaftes Thema in der Beziehung mit unserem Narcissus Magnificus: seine Untreue. Stellen wir uns vor, wir sind die Königin unseres Reiches, regieren mit Anmut und Weisheit, nur um herauszufinden, dass unser König heimlich einen Parallelstaat gegründet hat – ein emotionales Königreich, in dem wir leider keine Staatsbürgerschaft besitzen.

170

Untreue in einer Beziehung ist wie ein Blitz aus heiterem Himmel, der unsere rosarote Brille in tausend Scherben zerschmettert. Doch was passiert, wenn dieser Blitz nicht nur einmal, sondern immer wieder einschlägt? Narcissus Magnificus hat ein Talent dafür, Blitz und Donner in unser Liebesleben zu bringen, und dabei scheint er sich gar nicht bewusst zu sein, dass er ein emotionales Desaster hinterlässt.

Experten scheinen sich einig zu sein: Fremdgehen und Narzissmus gehen Hand in Hand. Wahrer Narzissmus ist mehr als nur das zu mögen, was man im Spiegel sieht. Die American Psychological Association betrachtet einen Narzissten als jemanden, der davon überzeugt ist, dass er eine Sonderbehandlung verdient und wiederholt andere ausnutzt, um seine eigenen Wünsche zu befriedigen.

Wie wir wissen, zeichnet sich Narcissus Magnificus durch ein übermäßiges Bedürfnis nach Bewunderung, ein überhöhtes Selbstwertgefühl und einen Mangel an Empathie gegenüber anderen aus, was zu Manipulationen und Ausbeutung in unseren Beziehungen führt. Um uns vor Verletzungen und unendlichem Leid zu schützen, ist es sehr wichtig, dass wir verstehen, wie Narcissus Magnificus im Kontext einer romantischen Beziehung agiert, um die Wahrscheinlichkeit seiner Untreue einschätzen zu können. Meinen letzten Narzissten habe ich mit 3 weiteren Frauen geteilt, die nichts voneinander wussten, denn Narcissus Magnificus ist ein wahrer Illusionist. Er jongliert mit Lügen, wie ein Zirkuskünstler mit Bällen. Und wir, liebe Leserinnen, stehen oft staunend daneben und fragen uns, wie wir nur so blind sein konnten. Während er uns mit Komplimenten überhäuft und uns auf Händen trägt, spielt er hinter unserem Rücken eine ganz andere Melodie. Eine, die wir leider viel zu spät hören. Warnsignale sind:

Geheimnisvolle SMS/ WhatsApp Nachrichten: Wenn unser Liebster mehr Zeit mit seinem Handy verbringt als mit uns, und plötzlich kryptische Nachrichten mit „Geh weg!" oder „Das ist nur ein Kollege" auftauchen, sollten unsere Alarmglocken läuten.

Der Parfümtrick: Kommt Narcissus Magnificus nach einem langen Tag nach Hause und riecht nach einem Parfüm, das wir nicht besitzen? Höchste Zeit, den Detektivhut aufzusetzen und diesen Duft zu folgen.
Plötzliches Modebewusstsein: Plötzlich kauft er sich neue Klamotten und achtet peinlich genau auf sein Aussehen. Ist das ein Versuch, uns zu beeindrucken, oder doch eher jemand anderes?

Wenn es darum geht, neue Partnerinnen zu finden, mit denen Narcissus Magnificus fremdgehen kann, nutzt er mit Vorliebe die Macht des Internets und der sozialen Medien, um schnell und unkompliziert neue Kontakte zu knüpfen. Hat er erst einmal die E-Mail-Adresse oder die Handynummer der anvisierten Dame erobert, wird diese permanent mit Nachrichten, Herzchen und süßen Smileys überhäuft. Diese Phase - Love-Bombing-Phase - ist so intensiv und so überfallmäßig, dass die Neue kaum Luft holen kann (siehe Fast Forward). Narcissus Magnificus betreibt also hinter unserem Rücken Online-Messaging oder hat sogar geheime Konten eingerichtet, um seine Untreue aufrechtzuerhalten. Dieses geheimnisvolle Verhalten ist eine der vielen Taktiken, die Narcissus Magnificus zur Verfügung stehen.

Ein weiteres gemeinsames Merkmal von Narzissten ist ihr manipulativer Charakter. Narzissten sind gerissen, skrupellos, kalt und wissen ganz genau, wie sie Situationen zu ihrem Vorteil nutzen können. Eine Taktik, die Narcissus Magnificus häufig anwendet, ist die Projektion – er beschuldigt uns des Fremdgehens, um den Verdacht von seinem Verhalten abzulenken. Auf diese Weise kann er die Kontrolle über uns behalten und gleichzeitig uns weiterhin hintergehen und betrügen.

Wenn wir in einer Beziehung mit einem Narzissten involviert sind, muss uns klar sein, Narzissten sind viel mehr anfälliger für Untreue als andere Männer, da ihr Fokus auf die immerwährende Bestätigung ihres Selbstwertgefühls liegt und mangelndes Einfühlungsvermögen dazu führt, dass sie ihre Wünsche über unser Wohlergehen stellen. Betrug kann auch durch sein zugrunde liegendes Bedürfnis nach narzisstischer Versorgung getrieben werden – die Anbetung, Zustimmung und Aufmerksamkeit, die er ständig braucht und von anderen sucht. Dies führt unweigerlich zu untreuem Verhalten und einer Missachtung des Konzepts der Monogamie.

Darüber hinaus mangelt es diesen "toxischen Beziehungen" an echter Intimität. Auch wenn Narcissus Magnificus anfangs charmant und einnehmend sein kann, hängt sein Selbstwertgefühl von der konstanten immerwährenden Bestätigung anderer ab, was eine einzige Frau nicht leisten kann. Dieser Mangel an emotionaler Tiefe führt dazu, dass Narcissus Magnificus nach Intimität außerhalb der Beziehung sucht, um sein Ego zu stärken. Seine schlechte Impulskontrolle, wie die American Psychiatric Association feststellt, trägt zusätzlich zu seiner Neigung zur Untreue bei.

Ein weiterer Grund für die Untreue unseres Narcissus
Magnificus ist sein Anspruchsdenken. Narcissus Magnificus
glaubt mit vollster Überzeugung, dass er Aufregung und
Befriedigung verdient, da er sich sonst langweilen muss, was
für ihn eine Verschlechterung seiner Lebensqualität bedeuten
würde. Den Schaden und den Schmerz, den er mit seinem
Verhalten der Beziehung und seiner gerade aktuellen
Partnerin zufügt, ignoriert er. Es interessiert ihn einfach nicht!
Sein mangelndes Einfühlungsvermögen und seine kalte
Empathie machen es ihm leicht, sein betrügerisches Verhalten
zu verstärken.

Fazit

Liebe Leserinnen, die Untreue unseres Narcissus Magnificus
ist schmerzhaft und kann uns tief treffen. Aber lassen wir uns
diese Erfahrung als eine Möglichkeit sehen, unsere eigene
Stärke zu entdecken. Mit einem Lächeln auf den Lippen und
einem scharfen Blick für die Zeichen der Zeit können wir
diesen emotionalen Blitzableiter verabschieden und den Weg
frei machen für eine echte, treue Liebe. Bleiben wir wachsam
und erinnern wir uns daran, dass wir die Königin unseres
Lebens sind – und für einen König, der unsere Treue nicht zu
schätzen weiß, gibt es nur eine Lösung: Ab mit seinem Kopf!

Literatur / Quellen

1. "The State of Affairs: Rethinking Infidelity" by Esther
    Perel. In diesem Buch erforscht Esther Perel die
    moderne Dynamik von Untreue und stellt provokative
    Fragen zur Natur von Treue und Begierde. Sie
    beleuchtet, wie Untreue eine Beziehung sowohl
    zerstören als auch neu beleben kann, und bietet

Einblicke, wie Paare durch diese Krisen navigieren können.

2. "Infidelity: Why Men and Women Cheat" by Dr. Kenneth Paul Rosenberg. Dr. Rosenberg untersucht die wissenschaftlichen und psychologischen Gründe für Untreue bei Männern und Frauen. Er bietet Fallstudien und Expertenmeinungen, um zu erklären, warum Menschen fremdgehen und wie sie ihre Beziehungen heilen können.

3. "Cheating in a Nutshell: What Infidelity Does to The Victim" by Wayne Mitchell and Tim Cole. Dieses Buch beleuchtet die emotionalen und psychologischen Auswirkungen von Untreue auf die betroffenen Partner. Es bietet Einblicke in die Heilungsprozesse und praktische Ratschläge, wie man mit dem Schmerz und dem Verrat umgehen kann.

4. "Narcissism, Infidelity, and Relationship Motives" by Terry Real. Terry Real untersucht die Verbindung zwischen Narzissmus und Untreue und wie diese Persönlichkeitsmerkmale die Beziehungsdynamik beeinflussen. Das Buch bietet therapeutische Perspektiven und Interventionen für Paare, die mit diesen Herausforderungen konfrontiert sind.

Verdeckter Narzisst

Hier möchte ich, meine lieben Leserinnen, vor allem noch
einmal auf die versteckten Zeichen eingehen, dass unser
Narcissus Magnificus ein verdeckter Narzisst, also ein Wolf im
Schafspelz ist. Es ist sehr schwer und besonders wichtig für
unsere geistige und körperliche Gesundheit, diesen Typ Mann
zu entlarven.

Stellen wir uns vor, unser Traummann trägt ein Schild um den
Hals mit der Aufschrift „Bescheidenster Mensch des Jahres",
aber hinter der Fassade lauert der wahre König der
Selbstverliebten. Hier sind ein paar Hinweise, wie wir
erkennen, dass unser Prinz ein versteckter Narzisst ist:

Der unsichtbare Lorbeerkranz: Er sagt immer, er brauche kein
Lob, aber wehe, er bekommt keins. Dann zieht er sich mit

176

einer Miene zurück, als hätte man ihm gerade seinen
unsichtbaren Lorbeerkranz gestohlen.

Meister der Märtyrerpose: Unsere Schafspelz-Wölfe sind
wahre Meister darin, die Märtyrerpose einzunehmen. "Ach, ich
mache das doch alles nur für dich," sagt er, während er
heldenhaft den Müll runterträgt – und dabei auf das
Applaudieren der Nachbarn wartet.

Gesprächstänzer: Er ist der Fred Astaire der Konversation –
elegant, geschickt und immer in der Lage, das Gespräch so zu
drehen, dass es schließlich wieder bei ihm landet. „Oh, du
hast dir den Zeh gestoßen? Das erinnert mich an die Zeit, als
ich…"

Kritik-Drama-Queen: Ein verdeckter Narzisst reagiert auf
Kritik, als hätte man ihm das Herz herausgerissen und es in
den Mixer geworfen. Ein kleiner Hinweis auf Verbesserung
und schon wird er zur Drama-Queen, die Shakespeares
größte Tragödien in den Schatten stellt.

Passiv-aggressiver Ninja: Sein Lieblingswerkzeug ist die
passive Aggressivität. Er schleicht durch das emotionale
Terrain wie ein Ninja, hinterlässt kleine, kaum bemerkbare
Sticheleien und tut dann so, als hätte er keinen Schimmer,
was wir meinen, wenn wir ihn darauf ansprechen.

Mitleidsfalle: Er stellt sich als das ständig missverstandene
Genie dar, das von niemandem in seiner vollen Größe erkannt
wird. Seine Leidensgeschichten könnten ein ganzes Drama-
Festival füllen.

Der neidische Freund: Bei Erfolgen anderer kommt ein falsches Lächeln und ein „Oh, das ist ja großartig für dich" – nur um später in einem beiläufigen Kommentar klarzustellen, dass er das natürlich alles schon längst erreicht hat, nur viel besser und bedeutender.

Die stille Behandlung: Und dann, wenn alles andere fehlschlägt, kommt die stille Behandlung. Wir wissen, wir sind in Ungnade gefallen, wenn Narcissus Magnificus plötzlich in eine wortlose, eisige Höhle abtaucht und uns im emotionalen Niemandsland zurücklässt.

Diese subtilen Verhaltensweisen sind schwer zu erkennen, insbesondere wenn der verdeckte Narzisst charmant und hilfsbereit wirkt. Es ist wichtig, auf das Gesamtbild zu achten und zu beobachten, ob diese Muster kontinuierlich auftreten.

Narcissus Magnificus hat auch seltsame Gewohnheiten und jede dieser seltsamen Gewohnheiten allein kann ein Zeichen für verdeckten Narzissmus sein. Wenn wir sie alle zusammennehmen, können wir sicher sein, dass wir es mit einem verdeckten Narzissten zu tun haben:

1. Narcissus Magnificus wird niemals eine direkte Frage beantworten. Man kann ihn foltern, man kann ihn 14 Tage hintereinander bei Brot und Wasser einsperren und zwingen, in Dauerschleife Blasmusik zu hören. Alles egal. Jede verbale Äußerung ist eine Version des Supertramp-Songs: „Take The Long Way Home".
2. Wenn wir ihn fragen: „Ist es draußen dunkel?", werden wir mit einem Vortrag über die Natur des Lichts beglückt, aber Narcissus Magnificus wird uns nie mit

einer einfachen Ja- oder Nein-Antwort überraschen.
Wenn wir ihn fragen: "Lügst du schon wieder?", wird
uns Narcissus Magnificus aufklären, was eine Lüge ist
und irgendwann möchten wir uns nur noch hinlegen
und schlafen – möglicherweise für immer.

3. Narcissus Magnificus wird uns immer und immer
wieder erzählen: "Ich liebe Dich", auch wenn alles "Ich
hasse Dich" in ihm schreit. Sobald Narcissus
Magnificus einmal "ich liebe Dich" sagt, wird er es
immer und immer wieder sagen. Aber die drei
Zauberworte bedeuten für Narcissus Magnificus
keineswegs dasselbe wie für einen normalen
Menschen. Meist steckt viel, viel mehr dahinter, als es
auf den ersten Blick erscheinen mag. Für Narcissus
Magnificus ist Liebe einfach nur ein Mittel, um das zu
bekommen, was er will. Für ihn ist die Person, die er
„liebt", nur jemand, die ihn dazu bringt, sich mächtig
und überlegen zu fühlen und die Aufmerksamkeit zu
bekommen, die er braucht, um sein Ego zu nähren.

Egal wie sehr Narcissus Magnificus uns hasst, er wird immer
wieder "Ich liebe Dich" sagen bzw. schreiben. Es ist wie ein
Mantra, dass er singen muss. Narcissus Magnificus wird es so
lange sagen, bis er spontan verschwindet, sich in Luft auflöst
oder uns plötzlich und brutal verwirft.

Wir fragen uns jetzt: "Warum tut er das?". Der Hauptgrund,
warum Narcissus Magnificus immer wieder „Ich liebe dich"
sagt, ist, so unwahrscheinlich es auch klingt, dass ein Teil von
ihm glaubt, dass er uns wirklich liebt. Seine Fähigkeit, sich
selbst zu belügen und sein Bedürfnis, in jeder Story die Rolle
des Helden / Opfers zu spielen, macht es zwingend
notwendig, dass die Geschichte ein für ihn günstiges Happy

End hat. Am Ende wird er uns erzählen, dass er uns zwar liebt, aber trotzdem verlassen muss, weil wir nicht aufhören, Dinge zu tun, die ihn vertreiben. Meist ist es ganz einfach nur Langeweile, die Narcissus Magnificus zur nächsten Versorgungsquelle hüpfen lässt.

4. Für alles und wirklich alles, was Narcissus Magnificus für uns tut, bekommen wir eine Rechnung. Kauft Narcissus Magnificus für 3,00 Euro einen Käse, können wir sicher sein, dass er sich mindestens 300,00 Euro zurückholt. Jede noch so selbstverständliche Kleinigkeit steht in Narcissus Magnificus Geschäftsbuch. Jedes Geschenk, jede vermeintliche Freundlichkeit, die er uns zukommen ließ, gefragt oder ungefragt, wird in seinem Gehirn akribisch abgespeichert. Jedes Mal, wenn Narcissus Magnificus angeblich einen Kompromiss eingegangen ist oder uns entgegengekommen ist, stehen wir natürlich in seiner Schuld und da Schulden nun mal Ehrenschulden sind, werden sie von Narcissus Magnificus unbarmherzig eingefordert.

Dann sind da noch all die Dinge, die wir Narcissus Magnificus angetan haben. Manche sind real, manche sind reine Phantasie und manche haben einen wahren Kern, der aber so übertrieben und aufgebauscht wird, dass er die Wahrheit, dessen was wirklich passiert ist, verfälscht. Aus einem harmlosen Streit wird in Narcissus Magnificus Gedanken ein beispielloser Anfall vollgestopft mit Schreien und Fluchen. Haben wir mal einen schlechten Tag, ist es für Narcissus Magnificus eine Katastrophe, in seinem Kopf malt er sich Sachen aus, wie dass wir mit einem attraktiven Mann geschlafen haben, den Familienhund durch den Fleischwolf gejagt haben oder ganz einfach, dass wir Narcissus Magnificus "loshaben" wollen. In seiner Phantasie haben wir Narcissus Magnificus so viele Dinge angetan, zwischen freundlich und loyal, großzügig und mitfühlend, obwohl wir einfach nur versucht haben, vernünftig zu leben. Und in letzter Konsequenz haben wir nicht den Schimmer einer Ahnung davon, was der Narcissus Magnificus wirklich über uns denkt!!

Wir müssen uns im Klaren sein, Narcissus Magnificus führt über jede Aktion, die wir gestartet haben, ob freundlich oder böse, detaillierte Aufzeichnungen in Form eines imaginären, metaphorischen Buches - das Buch der Ungerechtigkeiten - in seinem Kopf. Letztendlich wird er uns zu einer verwirrten, tränenreichen Pfütze blubbernder Abwehr reduzieren und unser Selbstwertgefühl wie ein Metallica-Gitarrensolo zerfetzen, alles um die Prophezeiungen seines Heiligen Buches zu erfüllen.

Wenn wir an einen Narzissten denken, stellen wir uns normalerweise einen lautstarken, egozentrischen, egoistischen Angeber vor. Da Narcissus Magnificus ein verdeckter Narzisst ist, tickt er ganz anders. Narcissus Magnificus ist selbstverleugnend, das selbsternannte Opfer. Narcissus Magnificus handelt demütig, inklusive Dackelblick, der signalisiert: "Bitte, tue mir nichts!". Narcissus Magnificus setzt sich selbst herab, in der Erwartung, dass dem widersprochen wird. Er verhält sich sanftmütig und friedfertig, damit er mit seinen Aktionen davonkommen kann: unser Leben zu infiltrieren, unser volles Vertrauen zu gewinnen, uns zu verraten und uns dann für unsere eigene Zerstörung verantwortlich zu machen.

Wenn Narcissus Magnificus aber etwas findet, was ihm gefällt, z. B. eine Unterkunft, die ihm all das bietet, was er sich wünscht, will er nichts verändern. Narcissus Magnificus, also unser verdeckter Narzisst, ist im Großen und Ganzen ein starrer, unflexibler Mensch mit wenig oder gar keiner Fähigkeit, offen für neue Wege, neue Ideen zu sein oder flexible Bewältigungsstrategien zu integrieren. Aus diesem Grund ist der schnellste Weg, Narcissus Magnificus zu verwirren, Unerwartetes zu tun. Dies wirft ihn völlig aus der Bahn. Verdeckte Narzissten sind keine Risikoträger.

Das ist auch der Grund, warum er uns testet, wenn er uns zum ersten Mal trifft. Er testet unsere Reaktionen. Er testet unsere Grenzen. Er greift auch unsere Grenzen an. Er schreibt uns per WhatsApp, was er tut, also konzentrieren wir uns auf seine Worte, nicht auf seine Taten. Wir konzentrieren uns auf den Pseudo-Respekt, den Narcissus Magnificus uns zollt. Narcissus Magnificus hat aber nur ein Ziel, uns zu manipulieren, das zu tun, was er will. Er möchte einen sicheren Zufluchtsort haben, bei einer Frau, die keine Fragen stellt, keine Probleme macht und egal, was Narcissus Magnificus auch tut, ihn immer wieder mit offenen Armen empfängt. Narcissus Magnificus liebt es einfach, immer das Gleiche, immer wieder die gleiche Strategie, uns zu täuschen. Tag ein, Tag aus. Mit uns und mit anderen Frauen.

Literatur / Quellen

1. "The Covert Passive-Aggressive Narcissist" von Debbie Mirza: Dieser Ratgeber hilft dabei, die subtilen und oft schwer erkennbaren Merkmale des verdeckten Narzissten zu identifizieren. Es geht um versteckte

emotionale und psychologische Missbräuche und bietet Wege zur Heilung und Selbstfindung.
2. "Rethinking Narcissism: The Secret to Recognizing and Coping with Narcissists" von Dr. Craig Malkin: Dr. Malkin beleuchtet, wie Narzissmus unterschiedlich ausgeprägt sein kann und wie man sowohl offensichtliche als auch verdeckte Narzissten erkennt und mit ihnen umgeht.
3. "In Sheep's Clothing: Understanding and Dealing with Manipulative People" von Dr. George K. Simon: Ein klassisches Werk über manipulative Persönlichkeiten, einschließlich verdeckter Narzissten. Dr. Simon erklärt, wie man ihre Taktiken erkennt und sich dagegen schützt.
4. "Psychopath Free" von Jackson MacKenzie: Dieses Buch richtet sich an Menschen, die sich von emotional missbrauchenden Beziehungen erholen möchten. Es enthält auch Abschnitte, die sich speziell mit verdeckten Narzissten und deren Verhaltensweisen befassen.
5. "The Human Magnet Syndrome: The Codependent Narcissist Trap" von Ross Rosenberg: Dieses Buch untersucht die Dynamik zwischen Narzissten und ihren Co-Abhängigen, mit speziellen Kapiteln über verdeckten Narzissmus und wie man sich aus diesen toxischen Beziehungen befreit.

Versorgung

"Der Narzisst ist wie ein Eimer mit einem Loch im Boden: Egal wie viel du hineingibst, du kannst es nie füllen." - DR. Ramani Durvasula

Der Begriff der "narzisstischen Versorgung" geht auf den Psychoanalytiker Otto Fenichel zurück, der sich mit narzisstischen Persönlichkeitsstörungen auseinandersetzte. Unter narzisstischer Versorgung (auch als narcissistic supply bekannt) versteht Fenichel die emotionale Bestätigung und Aufmerksamkeit, die ein Narzisst von seiner Umwelt benötigt, um sein Selbstwertgefühl zu erhalten. Menschen mit narzisstischen Tendenzen sind auf diese Versorgung angewiesen, weil sie ein fragiles Selbstwertgefühl haben, das von externer Bestätigung abhängt.

*Fenichel beschreibt, dass narzisstische Individuen diese
Versorgung in zwei Formen suchen:*

*1. Positive narzisstische Versorgung: Dies umfasst
Bewunderung, Anerkennung, Lob und Aufmerksamkeit von
anderen. Narzissten wollen bewundert und idealisiert werden,
um sich gut zu fühlen.*

*2. Negative narzisstische Versorgung: Hierbei handelt es sich
um das Erregen von Aufmerksamkeit durch negative
Reaktionen, wie zum Beispiel Konflikte oder Provokationen.
Auch negative Reaktionen können einem Narzissten das
Gefühl geben, wichtig und mächtig zu sein.*

*Fenichel betonte, dass diese ständige Suche nach
narzisstischer Versorgung tief verwurzelt ist und oft zu
Schwierigkeiten in zwischenmenschlichen Beziehungen führt,
da die Betroffenen andere Menschen eher als Mittel zur
Selbstbestätigung nutzen und weniger echte, empathische
Bindungen aufbauen können.*

*Zusammengefasst ist die narzisstische Versorgung nach
Fenichel das emotionale „Futter", das Narzissten von ihrer
Umgebung benötigen, um ihren Selbstwert zu stützen, sei es
durch Bewunderung oder Konflikt.*

Herzlich willkommen, meine lieben Leserinnen, in der
faszinierenden Welt der narzisstischen Versorgung. Heute
nehmen wir unseren Narcissus Magnificus etwas genauer
unter die Lupe – einen Mann, der ohne unsere unermüdliche
Aufmerksamkeit und Zuwendung nicht überleben könnte.
Warum braucht Narcissus Magnificus eigentlich so viel von
dieser "Versorgung", und wie schafft er es, sich diese zu

sichern? Lehnen wir uns zurück, entspannen wir uns und tauchen gemeinsam in dieses interessante Thema ein.

Beginnen wir mit den Grundlagen: Was genau ist narzisstische Versorgung? Stellen wir uns Narcissus Magnificus wie einen Vampir vor, der nicht von Blut, sondern von Aufmerksamkeit, Bewunderung und Bestätigung lebt. Diese „Nahrung" teilt sich in zwei Kategorien: primäre und sekundäre Versorgung.

Die primäre Versorgung ist das Steak auf dem Teller des Narcissus Magnificus – die Hauptmahlzeit. Hierzu gehören offene Bewunderung, Liebe und Respekt. Es ist die Art von Versorgung, die direkt und unverhohlen kommt. Narcissus Magnificus zieht seine primäre Versorgung aus einer Vielzahl von Quellen, die ihm direkte Bewunderung, Aufmerksamkeit und Bestätigung geben. Hier sind die wichtigsten primären Versorgungsquellen:

Romantische Partner: Die wichtigste Quelle der primären Versorgung sind oft romantische Partner. Durch intensive Liebesbekundungen und emotionale Manipulation sichert Narcissus Magnificus die fortwährende Aufmerksamkeit und Bewunderung seiner Partnerin. In der Anfangsphase überschüttet Narcissus Magnificus uns mit Liebe und Aufmerksamkeit, um uns süchtig nach dieser Zuneigung zu machen. Wir werden ständig dazu gebracht, Narcissus Magnificus permanent zu bewundern und zu loben, was sein fragiles Selbstwertgefühl stärkt.

Familienmitglieder: Narcissus Magnificus nutzt seine Familienmitglieder als kontinuierliche Quellen der primären Versorgung. Er manipuliert oft Eltern, Geschwister oder sogar Kinder, um Bestätigung und Aufmerksamkeit zu erhalten.

Narcissus Magnificus schafft ein Umfeld der Konkurrenz unter Geschwistern, um selbst im Mittelpunkt der familiären Aufmerksamkeit zu stehen.

Freundeskreis: Narcissus Magnificus umgibt sich oft mit einem Freundeskreis, der ihm bedingungslose Bewunderung und Unterstützung bietet. Diese Freunde werden sorgfältig ausgewählt und manipuliert, um als konstante Quelle der Versorgung zu dienen. Innerhalb des Freundeskreises versucht Narcissus Magnificus, die dominierende Rolle zu übernehmen, um alle Aufmerksamkeit auf sich zu ziehen.

Berufliche Anerkennung: Am Arbeitsplatz sucht Narcissus Magnificus nach Anerkennung und Bewunderung durch Kollegen und Vorgesetzte. Seine Leistungen und Fähigkeiten werden übertrieben dargestellt, um Bewunderung zu provozieren. Er nutzt Manipulation und Intrigen, um sich in eine Position der Bewunderung und Macht zu manövrieren.

Öffentliche Anerkennung: Narcissus Magnificus sucht oft nach öffentlicher Anerkennung durch soziale Medien, öffentliche Auftritte oder durch die Teilnahme an gesellschaftlichen Veranstaltungen. Diese Anerkennung stärkt sein Selbstwertgefühl erheblich. Plattformen wie Instagram, Facebook oder Twitter bieten Narcissus Magnificus eine Bühne, um sich zu inszenieren und Bewunderung von einer breiten Öffentlichkeit zu erhalten.

Spiegelungen: Narcissus Magnificus spiegelt gern die Verhaltensweisen, Interessen und Vorlieben seiner Opfer, um deren Bewunderung und Zustimmung zu gewinnen. Diese Strategie wird verwendet, um eine tiefe emotionale Verbindung herzustellen und so die primäre Versorgung zu sichern. Er tut so, als hätte er dieselben Hobbys und Interessen, um als perfekte Ergänzung wahrgenommen zu werden. Narcissus Magnificus spiegelt unsere Gefühle und Meinungen, um unser Vertrauen und Bewunderung zu gewinnen.

Die primäre Versorgung des Narcissus Magnificus ist ein komplexes Netzwerk von Quellen, die ihm direkte Bewunderung, Aufmerksamkeit und Bestätigung bieten. Diese Versorgung ist essentiell für das fragile Selbstwertgefühl unseres Narcissus Magnificus und wird durch eine Vielzahl von manipulativen Strategien gesichert. Indem wir diese Versorgungsquellen erkennen, können wir die Dynamiken einer Beziehung mit Narcissus Magnificus besser verstehen und uns vor seinen manipulativen Taktiken schützen.

Die sekundäre Versorgungsquelle ist die Beilage, die den Magen füllt, wenn das Steak nicht reicht. Hierzu zählen subtile Formen der Aufmerksamkeit, wie Mitleid, Neid und sogar negative Emotionen wie Wut und Frustration. Alles, was Narcissus Magnificus in den Mittelpunkt stellt, zählt. Diese Quellen sind nicht so offensichtlich wie die primären, spielen aber eine entscheidende Rolle bei der Aufrechterhaltung seines fragilen Selbstwertgefühls. Hier sind die wichtigsten sekundären Versorgungsquellen:

Negative Emotionen und Konflikte: Selbst negative Emotionen wie Wut, Frustration oder Trauer können als sekundäre Versorgung dienen, da sie Narcissus Magnificus Aufmerksamkeit und eine zentrale Rolle im Leben anderer sichern. Durch gezielte Provokationen und Konfliktschürung zieht Narcissus Magnificus die Aufmerksamkeit auf sich, selbst wenn diese negativ ist. Jede emotionale Reaktion, ob Wut oder Trauer, die Narcissus Magnificus bei anderen hervorruft, dient als Form der Bestätigung seiner Wichtigkeit.

Mitleid und Sympathie: Narcissus Magnificus kann die Opferrolle annehmen, um Mitleid und Sympathie von anderen zu erhalten. Diese Rolle hilft ihm, weiterhin im Zentrum der Aufmerksamkeit zu stehen und die sekundäre Versorgung zu sichern. Durch die Darstellung als Opfer ungerechter Umstände oder Menschen gewinnt Narcissus Magnificus Sympathie und Mitleid, was ihm Bestätigung gibt. Sehr gern täuscht Narcissus Magnificus auch gesundheitliche Probleme vor, um Aufmerksamkeit und Fürsorge von anderen zu erhalten.

Vergleich und Konkurrenz: Narcissus Magnificus sucht ständig nach Möglichkeiten, sich mit anderen zu vergleichen und als überlegen darzustellen. Dieser ständige Vergleich und das Streben nach Überlegenheit liefern ihm eine Form der sekundären Versorgung. Durch die Herabsetzung anderer Menschen fühlt sich Narcissus Magnificus überlegen und erhält so indirekte Bestätigung. Er nutzt Wettbewerbe und Vergleiche, um sich selbst als Gewinner darzustellen, was ihm zusätzliche Befriedigung gibt.

Materieller Erfolg und Statussymbole: Statussymbole und materieller Erfolg dienen Narcissus Magnificus als sekundäre Versorgung, indem sie ihm eine Plattform bieten, auf der er bewundert und beneidet werden kann. Teure Autos, Designer-Kleidung und luxuriöse Häuser dienen als Zeichen des Erfolgs, die Narcissus Magnificus indirekte Bestätigung und Bewunderung verschaffen. Narcissus Magnificus strebt auch nach beruflichem Erfolg, um Macht und Status zu erlangen,

was ihm zusätzliche sekundäre Versorgung in Form von
Respekt und Bewunderung bringt.

Kontrolle und Dominanz: Narcissus Magnificus zieht auch aus
der Kontrolle und Dominanz über andere eine Form der
Versorgung. Das Gefühl der Macht und Überlegenheit ist eine
bedeutende Quelle der sekundären Versorgung. Durch das
Manipulieren und Kontrollieren der Emotionen anderer fühlt
sich Narcissus Magnificus mächtig und bedeutend. In sozialen
Gruppen strebt Narcissus Magnificus danach, eine dominante
Rolle einzunehmen, um Kontrolle und Aufmerksamkeit zu
sichern.

Die sekundären Versorgungsquellen unseres Narcissus
Magnificus sind vielfältig und subtil. Diese Quellen bieten ihm
indirekte Formen von Bestätigung und Aufmerksamkeit, die
ebenso wichtig sind wie die primären Quellen. Negative
Emotionen, Mitleid, Vergleiche, materielle Statussymbole,
Kontrolle und Dominanz sind einige der Schlüsselstrategien,
die Narcissus Magnificus einsetzt, um seine sekundäre
Versorgung zu sichern. Indem wir diese Mechanismen
erkennen, können wir uns besser vor seinen manipulativen
Taktiken schützen und unsere emotionale Gesundheit
bewahren.

Narcissus Magnificus benötigt eine ständige Zufuhr an
Aufmerksamkeit, Bewunderung und Bestätigung. Um zu
verstehen, warum dies so ist, müssen wir uns das
psychologische Fundament unseres Narcissus Magnificus
ansehen. Hier werde ich die Hauptgründe, detailliert erklären:

Narcissus Magnificus hat ein extrem fragiles und
schwaches Selbstwertgefühl, das oft aus frühen

Kindheitserfahrungen herrührt. Dieses schwache
Selbstwertgefühl führt dazu, dass er ständig nach
externer Bestätigung sucht, um sich wertvoll und
bedeutsam zu fühlen. Viele Narzissten haben in ihrer
Kindheit Traumata oder emotionale Vernachlässigung
erlebt. Dies führt dazu, dass sie ein schwaches
Selbstwertgefühl entwickeln und sich ständig
unzulänglich fühlen. Im Inneren ist Narcissus
Magnificus voller Unsicherheit und Selbstzweifel. Er
braucht ständige Bestätigung, um diese negativen
Gefühle zu überdecken und sich selbst als wertvoll zu
fühlen.

Narcissus Magnificus ist wie ein Ballon, der ständig mit
Luft (Bewunderung, Aufmerksamkeit) gefüllt werden
muss, um seine Form zu behalten. Wenn diese
Versorgung ausbleibt, verliert der Ballon seine Form
und Narcissus Magnificus fühlt sich innerlich leer und
wertlos. Die Bestätigung, die Narcissus Magnificus
erhält, ist oft flüchtig und unbeständig. Sie gibt ihm nur
kurzzeitig ein Gefühl der Erleichterung, bevor die
Unsicherheit wieder einsetzt und er nach mehr
Bestätigung sucht.

Narcissus Magnificus hat ein übertriebenes,
aufgeblasenes Selbstbild, das er nach außen projiziert,
um seine innere Leere zu verbergen. Dieses Selbstbild
ist jedoch extrem fragil und muss ständig durch externe
Bestätigung aufrechterhalten werden. Narcissus
Magnificus neigt dazu, sich selbst zu glorifizieren und
seine Fähigkeiten und Erfolge zu übertreiben. Diese
Selbstglorifizierung dient dazu, externe Bewunderung
zu provozieren und das eigene Selbstwertgefühl zu

stärken. Aber hinter der Fassade des Selbstvertrauens verbirgt sich tiefe Unsicherheit. Narcissus Magnificus nutzt sein aufgeblasenes Selbstbild, um diese Unsicherheit zu kaschieren und sich vor Ablehnung und Kritik zu schützen.

Der ständige Bedarf an narzisstischer Versorgung führt zu einem Teufelskreis, in dem Narcissus Magnificus immer wieder nach neuen Quellen der Bestätigung sucht, um sein schwaches Selbstwertgefühl zu stützen. Er verwendet verschiedene manipulative Strategien, um die benötigte Versorgung zu erhalten. Dazu gehören Gaslighting, Love-Bombing und das Schaffen von Dramen, um alle Aufmerksamkeit auf sich zu ziehen. Um seine Versorgung zu sichern, wird Narcissus Magnificus seine Partnerin emotional missbrauchen und manipulieren. Dies führt dazu, dass wir uns unsicher und abhängig fühlen, was Narcissus Magnificus zusätzliche Kontrolle und Bestätigung gibt.

Letztlich ist das Bedürfnis unseres Narcissus Magnificus nach Versorgung unersättlich. Kein Maß an Aufmerksamkeit oder Bewunderung kann jemals ausreichen, um die innere Leere und Unsicherheit dauerhaft zu füllen. Jede Form der Bestätigung gibt Narcissus Magnificus nur kurzfristige Erleichterung. Bald setzt die innere Unsicherheit wieder ein und er muss erneut nach Bestätigung suchen. Narcissus Magnificus ist vollständig abhängig von externen Quellen der Bestätigung. Ohne diese fühlt er sich wertlos und bedeutungslos.

Insgesamt erklärt das schwache Selbstwertgefühl, die innere Leere und das aufgeblasene, aber fragile Selbstbild, warum Narzissten ständig nach narzisstischer Versorgung suchen.

Sie sind wie Ballons, die ständig mit Luft gefüllt werden müssen, um ihre Form zu behalten. Ohne diese Zufuhr drohen sie innerlich zu "platzen" und sich in einem Zustand tiefer Unsicherheit und Wertlosigkeit wiederzufinden. Das Verständnis dieser Mechanismen kann uns helfen, die Verhaltensweisen unseres Narcissus Magnificus zu erkennen und uns vor deren manipulativen Strategien zu schützen.

Leider sieht Narcissus Magnificus die Welt als einen Ort, der feindlich, instabil, unerfüllt, moralisch falsch und unvorhersehbar ist. Narcissus Magnificus hat kein inhärentes oder "eingebautes" Selbstwertgefühl; das heißt, er ist auf die narzisstische Versorgung durch uns angewiesen. Er braucht sie, um seine Wichtigkeit zu bekräftigen, um sich gut zu fühlen und sein Selbstwertgefühl aufrechtzuerhalten. Narcissus Magnificus sieht andere Menschen als Objekte, so dass sie keine emotionale Bedrohung darstellen. Narcissus Magnificus ist nicht in der Lage, auf das Gute in anderen Menschen zu vertrauen.

Narcissus Magnificus projiziert ein falsches Selbst, um uns einen ständigen Strom von Aufmerksamkeit oder narzisstischer Versorgung zu entlocken. Das falsche Selbst ist eine unwirkliche Fassade oder Verkleidung, die Narcissus Magnificus der Welt zeigt und die das beinhaltet, was er gern sein möchte - kraftvoll, elegant, klug, reich oder gut. Narcissus Magnificus "sammelt" Reaktionen auf dieses projizierte falsche Selbst aus seiner Umgebung, die aus seinem Ehepartner, seiner Familie, Freunden, Kollegen, Geschäftspartnern und Gleichaltrigen bestehen kann.

Narzisstisches Angebot ist der Antrieb für narzisstische Verhaltensmuster. Es ist genau das, was Narcissus

Magnificus vor seinen Unsicherheiten, Verletzlichkeiten und
Ängsten schützt. Für Narcissus Magnificus reicht es jedoch
nicht aus, solche Dinge einfach nur zu wollen – es besteht ein
dringender Bedarf danach, und zwar auf einer fortlaufenden
Basis, weil es Narcissus Magnificus völlig an Selbstvertrauen
mangelt und er daher einen Großteil seines „falschen Selbst "
auf dem Rücken dieser Dinge aufbauen muss. Es ist wie eine
Droge, von der er abhängig ist. Sein Drang, sich gut zu fühlen,
ist unstillbar, daher sein ständiges Bedürfnis nach
narzisstischer Versorgung. Sein falsches Selbstbild ist sowohl
voreingenommen als auch labil – positive Botschaften über
sich selbst werden propagiert, während alles Negative sofort
als wertlos angegriffen und daher abgetan wird.

Narcissus Magnificus sucht in gewisser Weise genauso
Aufmerksamkeit wie ein Heroinabhängiger, der nach seinen
Drogen giert. Alles, aber auch alles wird der Sucht nach der
Droge untergeordnet. Persönliche Beziehungen werden
verschwendet, Diebstahl ist nicht unüblich, schlechte
Entscheidungen werden getroffen - alles als Mittel, um die
Versorgung mit der Droge zu erhalten oder
aufrechtzuerhalten. Narcissus Magnificus giert nach der
Droge: "Narzisstische Versorgung " und das Gemeine an
dieser Gier ist: Es gibt keinen Menschen auf der Welt, der
Narcissus Magnificus auf Dauer ausreichend versorgen kann!

Fazit

Das unersättliche Bedürfnis nach narzisstischer Versorgung ist
tief in der psychologischen Struktur eines Narzissten
verwurzelt. Sein schwaches Selbstwertgefühl, die innere Leere
und das fragile Selbstbild erfordern ständige externe
Bestätigung, um sich wertvoll zu fühlen. Die Metapher des

Ballons verdeutlicht, wie notwendig diese ständige Zufuhr ist –
ohne sie droht Narcissus Magnificus innerlich zu „platzen" und
sich wertlos zu fühlen. Das Verständnis dieser Mechanismen
kann uns helfen, die Verhaltensweisen unseres Narcissus
Magnificus zu erkennen und uns vor deren manipulativen
Strategien zu schützen.

Literatur / Quellen

1. "The Psychoanalytic Theory of Neurosis" (1945) von
   Otto Fenichel. In diesem Werk entwickelt Fenichel
   zahlreiche Konzepte der psychoanalytischen Theorie
   weiter und behandelt unter anderem die Dynamiken
   des Narzissmus. In diesem Buch setzt sich Fenichel
   intensiv mit den Mechanismen des Narzissmus
   auseinander, einschließlich der Bedeutung externer
   Bestätigungen für das narzisstische Selbstwertgefühl.
   Hier beschreibt er die Idee, dass Narzissten ständig
   nach Bestätigung von außen suchen, um ihren
   Selbstwert aufrechtzuerhalten.
2. "Malignant Self-Love: Narcissism Revisited" von Sam
   Vaknin. Dieses Buch ist eine umfassende Ressource
   zum Verständnis der narzisstischen
   Persönlichkeitsstörung und behandelt ausführlich das
   Konzept der narzisstischen Versorgung.
3. "The Wizard of Oz and Other Narcissists: Coping with
   the One-Way Relationship in Work, Love, and Family"
   von Eleanor D. Payson. Payson beschreibt, wie
   Narzissten ihre Umgebung , um ihre narzisstische
   Versorgung zu sichern, und bietet Strategien für den
   Umgang mit ihnen.
4. "Narcissists Exposed - 75 Things Narcissists Don't
   Want You to Know" von Drew Keys. Dieses Buch gibt

Einblicke in das Verhalten von Narzissten, einschließlich ihrer Sucht nach narzisstischer Versorgung."Disarming the Narcissist: Surviving and Thriving with the Self-Absorbed" von Wendy T. Behary. Behary erklärt, wie man effektiv mit Narzissten kommunizieren kann, ohne ihre Bedürfnisse nach narzisstischer Versorgung zu fördern.

Wortsalat

Meine lieben Leserinnen, wie wir alle wissen, haben Worte eine Bedeutung. Worte sind Vermittler von Logik und die Grundlage des rationalen Denkens. Worte sind dazu bestimmt, mit anderen zu kommunizieren. Sie sollen eine eindeutige Botschaft von einer Person zur anderen senden. Worte müssen eine genaue Gewichtung haben, die keiner individuellen Auslegung unterliegt, damit die Wörter irgendeine Kraft, Autorität oder Bedeutung haben. Worte funktionieren am besten, wenn sie dazu eingesetzt werden, um Wahrheit, Realität und Logik zu vermitteln. Schwieriger wird es, mit Worten Gefühle und Abstraktionen zu beschreiben. Hier bedarf es mehr Anstrengung und Geschicklichkeit im Umgang mit den Worten.

Kommunizieren wir mit Narcissus Magnificus, wird uns ganz schnell klar, dass er die Sprache, die das Medium der klaren Kommunikation sein sollte, falsch interpretiert und verzerrt. Narcissus Magnificus benutzt die Sprache, um eine klare Kommunikation abzuwehren, etwas zu verschleiern und zu vermeiden, sich festzulegen. Um uns in eine Sackgasse zu schicken, die Wahrheit zu entstellen und eine falsche Realität zu konstruieren, verändert Narcissus Magnificus die Bedeutung der Worte und nutzt somit die Sprache zu seinen Zwecken. Er produziert Wortsalat und im Laufe eines "Wortsalatgesprächs" werden wir wahrscheinlich eine Vielzahl seiner Persönlichkeiten erleben. Es ist ähnlich wie bei der Praxis von schlechtem Cop, gutem Cop, Stalker-Cop, erniedrigendem Cop, furchterregendem Cop, Baby-Cop.

Die Vielzahl der Persönlichkeiten, die Narcissus Magnificus im Laufe eines Gesprächs zeigt, verdeutlicht, wie Narcissus Magnificus verschiedene Taktiken und Masken verwendet, um seine Ziele zu erreichen und die Kontrolle über das Gespräch zu behalten. Diese Taktiken ähneln der Praxis des "guten Cops, schlechten Cops" und weiteren Rollen, die sie einnehmen können. Hier ist eine kurze Erklärung:

Wortsalat als Manipulationsstrategie: "Wortsalat" beschreibt eine verwirrende, oft widersprüchliche Redeweise, die Narcissus Magnificus nutzt, um die Oberhand in einem Gespräch zu behalten. Durch komplizierte, vieldeutige Aussagen lenkt er ab, verschleiert seine wahren Absichten und macht es schwer, seine Aussagen zu hinterfragen. Vielzahl der Persönlichkeiten: Im Laufe eines Gesprächs kann ein Narcissus Magnificus verschiedene Persönlichkeiten annehmen, ähnlich wie Schauspieler verschiedene Rollen spielen. Diese Persönlichkeiten sind nicht unbedingt echte multiple Persönlichkeiten, sondern verschiedene Facetten seines Verhaltens, die er je nach Situation und Ziel einsetzt.

Die Rollen, die Narcissus Magnificus im Laufe eines Gesprächs einnehmen kann, sind vielfältig und strategisch eingesetzt. Hier sind einige Beispiele:

Guter Cop: Narcissus Magnificus zeigt sich verständnisvoll und unterstützend. Diese Rolle dient dazu, Vertrauen zu gewinnen und Sympathie zu erzeugen. Er sagt Dinge wie: „Ich verstehe dich wirklich. Es tut mir leid, dass du das durchmachen musst.".

Schlechter Cop: In dieser Rolle wird Narcissus Magnificus konfrontativ und kritisch. Diese Taktik wird eingesetzt werden, um uns zu verunsichern oder zu verängstigen. Er könnte sagen: „Das ist allein deine Schuld. Du solltest dich besser verhalten.".

Stalker-Cop: Narcissus Magnificus zeigt sich übermäßig interessiert und neugierig, manchmal auf eine beunruhigende Weise. Diese Rolle wird genutzt, um Kontrolle auszuüben und Informationen zu sammeln. Er fragt vielleicht: „Wo warst du letzte Nacht? Mit wem hast du gesprochen?".

Erniedrigender Cop: Hier versucht Narcissus Magnificus, uns klein zu machen und zu demütigen, um seine eigene Überlegenheit zu demonstrieren. Er könnte sagen: „Du bist wirklich nutzlos. Wie konntest du so einen Fehler machen?".

Furchterregender Cop: Diese Rolle zielt darauf ab, Angst und Einschüchterung zu erzeugen. Narcissus Magnificus kann

drohen oder einen bedrohlichen Ton anschlagen: „Wenn du
nicht tust, was ich sage, wirst du es bereuen.".
Baby-Cop: Narcissus Magnificus spielt die verletzliche,
hilfsbedürftige Person, um Mitleid und Unterstützung zu
erlangen. Er könnte sagen: „Ich bin so hilflos ohne dich. Bitte
verlass mich nicht.".

Der Wechsel zwischen diesen Rollen und der Einsatz von
Wortsalat dienen mehreren Zwecken:

Kontrolle über das Gespräch: Durch den ständigen Wechsel
der Rollen und den Einsatz verwirrender Sprache behält
Narcissus Magnificus die Oberhand im Gespräch und
verhindert, dass wir eine klare Position einnehmen können.
Verwirrung stiften: Indem Narcissus Magnificus verschiedene
widersprüchliche Rollen spielt, bringt er seinen
Gesprächspartner aus dem Gleichgewicht und macht es
schwer, auf seine Aussagen zu reagieren.
Emotionale Manipulation: Jede Rolle ist darauf ausgelegt,
bestimmte emotionale Reaktionen hervorzurufen – sei es
Vertrauen, Angst, Schuld oder Mitleid. Durch das Wechseln
der Rollen kann Narcissus Magnificus gezielt unsere
Emotionen beeinflussen.
Selbstschutz: Diese Taktiken dienen auch dazu, die wahre
Natur und die wahren Absichten unseres Narcissus Magnificus
zu verschleiern. Sie schützen ihn vor Kritik und ermöglichen es
ihm, seine eigene Fassade aufrechtzuerhalten.

Durch seinen Sprachmissbrauch pervertiert er seinen eigenen
Verstand. Mit der Zeit sehen wir ganz deutlich, wie Narcissus
Magnificus die Realität aus den Augen verliert. Wir sehen, wie
er sich immer weiter von den Verankerungen der objektiven
Wahrheit entfernt, indem er sein Leben lang die Wahrheit in

Lügen verdreht. Seine Gedanken, die dazu bestimmt sind, durch Sprache organisiert zu werden, werden unorganisiert und nicht zusammenhängend, weil Worte vor langer Zeit ihre Bedeutung für ihn verloren haben. Narcissus Magnificus spult immer wieder die gleichen Lügen und Gründe für sein Verhalten ab, dass jeder, reinwegs normal tickende Mensch, früher oder später über die Tatsache stolpern muss, dass alles, was Narcissus Magnificus sagt, eine Lüge ist.

Normalerweise wird in unseren Reden immer das zum Vorschein kommen, was in unseren Herzen und Köpfen vor sich geht. Im Gegensatz dazu trägt Narcissus Magnificus eine Maske und besitzt die Fähigkeit, die richtigen Worte zur richtigen Zeit zu sagen, ohne dass diese Worte seine wahren inneren Gefühle oder Gedanken widerspiegeln. Dies wird als "Wortsalat" bezeichnet, insbesondere wenn die Worte gut klingen, aber letztlich leer oder manipulativ sind. Sehen wir uns dieses Phänomen etwas näher an! Narcissus Magnificus setzt sich oft eine soziale Maske auf, die ihn charmant, selbstsicher und kompetent erscheinen lässt. Diese Maske dient dazu, seine wahren Motive und Gefühle zu verbergen. Während er äußerlich freundlich und verständnisvoll wirkt, verbirgt sich dahinter eine tiefe Gleichgültigkeit oder sogar Verachtung für uns. Des Weiteren hat Narcissus Magnificus die Fähigkeit, die richtigen Worte zur richtigen Zeit zu sagen, was ihn sehr überzeugend erscheinen lässt. Diese Fähigkeit kann manipulativ eingesetzt werden, um unser Vertrauen und unsere Sympathie zu gewinnen. Die Worte mögen warm und unterstützend klingen, doch sie sind strategisch gewählt, um einen bestimmten Zweck zu erfüllen, sei es, das eigene Image zu verbessern oder uns zu kontrollieren.

Der Begriff "Wortsalat" beschreibt treffend die Tendenz von Narcissus Magnificus, lange und komplizierte Aussagen zu machen, die oberflächlich betrachtet sinnvoll erscheinen, aber letztlich wenig konkreten Inhalt haben. Diese Aussagen sind vage, widersprüchlich und schwer zu durchschauen. Der Zweck dieses "Wortsalats" ist es, Verwirrung zu stiften und die Kontrolle über das Gespräch zu behalten, während gleichzeitig der Anschein von Intelligenz und Einfühlungsvermögen erweckt werden soll. Während authentische Kommunikation von echten Gefühlen und Gedanken geprägt ist, sind die Worte von Narcissus Magnificus oft nur Lippenbekenntnisse. Er sagt, was wir hören wollen, ohne es tatsächlich zu meinen. Diese Worte können Trost und Unterstützung suggerieren, doch sie sind hohl und unverbindlich, da sie nicht aus einem echten Mitgefühl oder Interesse heraus entstehen. Die Kommunikation von Narcissus Magnificus dreht sich letztlich immer um ihn selbst. Auch wenn er auf den ersten Blick Mitgefühl zeigt, sind seine Worte oft dazu gedacht, ihn selbst in einem besseren Licht dastehen zu lassen. Sein Hauptinteresse liegt darin, sein eigenes Ego zu pflegen und seine Überlegenheit zu bestätigen.

Eine der größten Gefahren besteht darin, dass wir den manipulativen Worten unseres Narcissus Magnificus glauben und uns in Sicherheit wiegen. Die charmanten und scheinbar einfühlsamen Worte können leicht über die wahre Natur des Narcissus Magnificus hinwegtäuschen und dazu führen, dass wir ihm vertrauen und uns auf ihn verlassen. Erst später erkennen wir, dass die Worte nichts weiter als eine leere Fassade waren.

Insgesamt ist die Kommunikation von Narcissus Magnificus ein komplexes Spiel aus Manipulation und Selbstdarstellung.

Seine Worte klingen oft beeindruckend und einfühlsam, doch sie spiegeln nicht seine wahren inneren Gedanken und Gefühle wider. Stattdessen sind sie strategisch darauf ausgerichtet, seine eigene Position zu stärken und die Kontrolle über uns zu behalten.

Fazit

Das Verständnis der verschiedenen Rollen, die Narcissus Magnificus einnimmt, und der Einsatz von Wortsalat hilft, seine manipulativen Taktiken zu erkennen und sich dagegen zu wappnen. Es zeigt, wie geschickt und vielschichtig narzisstische Manipulation sein kann, und betont die Notwendigkeit, aufmerksam und kritisch gegenüber scheinbar wohlklingenden, aber letztlich manipulativen Aussagen zu sein.

Literatur / Quellen

1. "Should I Stay Or Should I Go: Surviving A Relationship With A Narcissist" von Dr. Ramani Durvasula – Dieses Buch bietet Einblicke und Strategien für den Umgang mit narzisstischen Beziehungen und hilft Betroffenen, fundierte Entscheidungen über ihre Partnerschaft zu treffen.
2. "Psychopath Free: Recovering From Emotionally Abusive Relationships With Narcissists, Sociopaths, And Other Toxic People" von Jackson MacKenzie – Dieses Buch erklärt die Mechanismen narzisstischen Missbrauchs und bietet Wege zur Heilung und Selbstfindung.
3. "The Human Magnet Syndrome: The Codependent Narcissist Trap" von Ross Rosenberg – Ein

umfassender Ratgeber über die Beziehung zwischen
Co-Abhängigen und Narzissten und wie man sich aus
dieser Dynamik befreien kann

Zeitmonopolisierung

In unserer modernen Gesellschaft gibt es viele, meine lieben Leserinnen, die sich als Könige und Königinnen ihrer eigenen Welt sehen. Doch es gibt einen unter ihnen, der sich durch seine ganz besondere Fähigkeit auszeichnet: Narcissus Magnificus. Dieser Mann hat eine Gabe, die wir alle zu spüren bekommen – die Kunst der Zeitmonopolisierung. Er schleicht sich in unser Leben, nistet sich in unseren Köpfen ein und kontrolliert unaufhörlich jede Sekunde unseres Tages.

Man könnte meinen, wir hätten im 21. Jahrhundert gelernt, unsere Zeit selbst zu verwalten und zu schätzen. Doch Narcissus Magnificus hat andere Pläne für uns. Mit einer ironischen Warnung und einem Augenzwinkern wenden wir uns heute an all jene, die in missbräuchlichen Beziehungen gefangen sind – Beziehungen, in denen die Kontrolle über

205

unsere Zeit eine perfide Waffe darstellt, die gleichzusetzen ist, mit der Kontrolle über unser Leben.

Wie schafft es Narcissus Magnificus, unsere Zeit so vollkommen zu beherrschen? Die Antwort liegt in seinen subtilen, aber äußerst effektiven Methoden. Er beginnt damit, sich als unverzichtbar zu präsentieren. Jede Minute ohne ihn wird als verschwendet dargestellt. Seine Bedürfnisse und Wünsche werden zum Zentrum unseres Daseins, und ehe wir uns versehen, dreht sich unser gesamter Tagesablauf um ihn.

Ein klassisches Beispiel ist der ständige Bedarf an Aufmerksamkeit. Narcissus Magnificus verlangt, dass wir jederzeit für ihn verfügbar sind – sei es durch unzählige Anrufe, Nachrichten oder persönliche Treffen. Unsere eigenen Bedürfnisse und Prioritäten? Zweitrangig. Unsere Zeitpläne? Nebensache. Denn nur er bestimmt, wann und wie wir unsere Zeit verbringen dürfen.

Ein weiterer Trick unseres Narcissus Magnificus ist die Manipulation durch Schuldgefühle. Wenn wir es wagen, Zeit für uns selbst zu beanspruchen, werden wir mit Vorwürfen und emotionaler Erpressung konfrontiert. "Wie kannst du nur so egoistisch sein?" fragt er, während er geschickt unsere Unsicherheiten ausnutzt, um uns zurück in seine Kontrolle zu zwingen.

Die Kontrolle über unsere Zeit durch Narcissus Magnificus hat tiefgreifende psychologische und emotionale Auswirkungen. Zunächst einmal leidet unser Selbstwertgefühl. Indem er unsere Zeit monopolisiert, vermittelt er uns das Gefühl, dass unsere eigenen Wünsche und Bedürfnisse weniger wichtig sind. Dies führt zu einem allmählichen Verlust des Selbstbewusstseins und der Selbstachtung.

Die ständige Beeinflussung und Kontrolle durch Narcissus Magnificus kann auch zu erheblichen emotionalen Problemen führen. Angst, Stress und Depressionen sind häufige Folgen. Die ständige Überwachung und der Druck, seinen Erwartungen zu entsprechen, führen zu einem Zustand permanenter Anspannung. Unsere Fähigkeit, uns zu entspannen und Freude am Leben zu finden, wird stark beeinträchtigt.

Auf sozialer Ebene führt die Zeitkontrolle zu einer Isolation. Freunde und Familie, die einst wichtige Stützen in unserem Leben waren, werden zunehmend ausgeblendet. Narcissus Magnificus duldet keine Konkurrenz um unsere Aufmerksamkeit und unsere Zeit. Dies führt zu einer zunehmenden Vereinsamung, da wir immer weniger Zeit für soziale Kontakte und Aktivitäten haben.

Langfristig gesehen bedeutet die Kontrolle über unsere Zeit durch Narcissus Magnificus eine Einschränkung unserer persönlichen Freiheit und Entwicklung. Unsere Träume und Ziele werden zugunsten seiner Bedürfnisse geopfert. Unsere berufliche und persönliche Weiterentwicklung bleibt auf der Strecke, da wir nicht die Freiheit haben, unsere eigenen Prioritäten zu setzen. Aber warum muss Narcissus Magnificus ständig in unseren Gedanken präsent sein? Die Antwort liegt in seiner Angst vor Kontrollverlust. Er weiß, dass seine Macht schwindet, sobald wir beginnen, unsere Zeit selbst zu bestimmen. Daher verwendet er verschiedene Techniken, um sich ständig in unserem Kopf zu verankern.

Eine dieser Techniken ist die ständige Kritik und Abwertung. Indem er unsere Fähigkeiten und Entscheidungen ständig in Frage stellt, sorgt er dafür, dass wir an uns selbst zweifeln und seine Führung suchen. Diese mentale Kontrolle ist besonders effektiv, da sie unsere eigene Wahrnehmung der Realität verzerrt und uns in einem Zustand permanenter Abhängigkeit hält.

Ein weiteres Werkzeug ist die Schaffung eines Gefühls der Unzulänglichkeit. Narcissus Magnificus stellt sicher, dass wir uns niemals gut genug fühlen. Jede unserer Handlungen wird kritisch beäugt und bewertet, und selbst kleine Fehler werden aufgebauscht. Dieses ständige Gefühl der Unzulänglichkeit führt dazu, dass wir immer mehr Zeit und Energie darauf verwenden, seinen Erwartungen zu entsprechen.

Die Kontrolle über unsere Zeit bedeutet auch die Kontrolle über unsere Handlungen. Narcissus Magnificus bestimmt nicht nur, wann wir etwas tun, sondern auch was wir tun. Dies kann so weit gehen, dass selbst die banalsten Entscheidungen, wie welche Kleidung wir tragen oder welche Freunde wir treffen, von ihm diktiert werden. Diese Art der Kontrolle hat tiefgreifende langfristige Konsequenzen. Wir verlieren die Fähigkeit, eigene Entscheidungen zu treffen und unsere eigenen Wünsche und Bedürfnisse zu erkennen. Unsere Identität und unser Selbstwertgefühl werden zunehmend erodiert, da wir uns immer mehr nach den Vorstellungen des Narcissus Magnificus richten.

Um sich aus dieser Kontrolle zu befreien, ist es wichtig, sich der Mechanismen bewusst zu werden und gezielt dagegen vorzugehen. Dies kann durch die Suche nach Unterstützung von Freunden und Familie, professionelle Hilfe oder die

Teilnahme an Selbsthilfegruppen geschehen. Der erste Schritt zur Befreiung ist die Anerkennung des Problems und der Wille, die Kontrolle über das eigene Leben zurückzugewinnen.

Fazit

Zusammenfassend lässt sich sagen, dass Narcissus Magnificus eine perfide Fähigkeit besitzt, unsere Zeit und damit unser Leben zu kontrollieren. Die schädlichen Auswirkungen dieser Kontrolle sind tiefgreifend und betreffen sowohl unsere psychische Gesundheit als auch unsere sozialen Beziehungen und unsere persönliche Entwicklung.

Letztlich liegt es aber in unseren Händen, die Kontrolle über unser Leben zurückzuerlangen und uns aus den Fesseln des Narcissus Magnificus zu befreien. Es mag ein langer und schwieriger Weg sein, aber er ist es wert, gegangen zu werden. Unsere Zeit ist kostbar – lassen wir nicht zu, dass sie von jemand anderem bestimmt wird.

Literatur / Quellen

1. "The New Science of Narcissism" von W. Keith Campbell und Carolyn Crist. Dieses Buch bietet eine fundierte Analyse des Narzissmus und zeigt, wie sich narzisstisches Verhalten in verschiedenen Lebensbereichen, einschließlich Beziehungen, Arbeitsplatz und sozialen Medien, manifestiert. Es untersucht die Schäden, die Narzissten anrichten, indem sie die Zeit und Aufmerksamkeit ihrer Mitmenschen monopolisieren. Das Buch bietet auch Einblicke in die neuesten Forschungsergebnisse und

wie Narzissten sowohl sich selbst als auch andere beeinflussen.

2. "The Little Book of Narcissism: The Essential Guide to Stop Wasting Time and Energy on the Narcissist in Your Life" von Sharon Kelly. Dieses Buch konzentriert sich darauf, wie man die Kontrolle über seine Zeit und Energie zurückgewinnt, wenn man mit Narzissten zu tun hat. Es bietet praktische Ratschläge, um die monopolistische Natur narzisstischer Personen zu erkennen und Strategien zu entwickeln, um deren Einfluss auf das eigene Leben zu minimieren. Kelly erklärt, wie man gesunde Grenzen setzt und sich vor der emotionalen Erschöpfung durch Narzissten schützt.

3. "Conversation Monopolizer" von Lynne Namka. Namka erklärt, wie Narzissten Gespräche dominieren und warum sie dies tun. Sie beschreibt, dass narzisstische Personen oft das Gespräch monopolisieren, um im Mittelpunkt zu stehen und die Kontrolle zu behalten. Das Buch bietet praktische Tipps, wie man mit solchen Menschen umgeht, Grenzen setzt und eine ausgewogene Kommunikation sicherstellt.

Schlusswort

Meine lieben Leserinnen, wir haben es geschafft – das Ende unserer gemeinsamen Reise durch die komplexe und oft schmerzvolle Welt des Narzissmus ist erreicht. Verzeiht mir, wenn ich einige Passagen immer wieder wiederholt habe, aber es ist eben diese Wiederholung, die so charakteristisch für den Narzissmus ist. Die immer gleichen Muster, die Kreise, in denen sich Gedanken, Emotionen und Handlungen bewegen, und der oft verzweifelte Versuch, Anerkennung und Bestätigung zu finden, enden selten an einem klaren Punkt.

Vielleicht ist es gerade diese Zirkularität, die uns zeigt, wie schwierig es sein kann, sich aus den Fängen des Narzissmus zu lösen – sei es für den Narzissten selbst oder für jene, die ihm nahestehen. Doch genauso wie wir uns in der Theorie diesen Mustern bewusstwerden, gibt es im echten Leben die Möglichkeit, aus ihnen auszubrechen. Erkenntnis ist der erste Schritt, und mit diesem Wissen ausgestattet, können wir neue Wege des Verständnisses und des Miteinanders schaffen.

Auch wenn ich hier sitze und diese Worte schreibe, weiß ich, dass der Weg zur vollständigen Heilung noch nicht beendet ist. Narcissus Magnificus mit all seinen Lügen und raffinierten Manipulationstaktiken hat tiefgreifende Wunden hinterlassen. Sein Gift hat unser Herz und unseren Verstand stark getroffen. Doch trotz allem bleiben wir stark und entschlossen.

Wir haben in diesem Buch viel gelernt, gelacht und geweint. Wir haben die Abgründe des Narzissmus erkundet, seine Mechanismen durchschaut und Wege gefunden, uns zu schützen und zu heilen. Und ja, es ist wichtig, dass wir, so wie

ich es auch heute noch tue, ab und zu in diese Ratgeber
schauen, um dem Zauber des Monsters Narzissmus zu
widerstehen. Es ist ein kontinuierlicher Prozess, aber wir sind
nicht allein.

Unsere Stärke liegt in unserer Gemeinschaft und unserem
unerschütterlichen Willen, ein Leben frei von toxischer
Manipulation zu führen. Erinnern wir uns daran, dass wir es
verdient haben, in einem Garten voller echter, blühender Liebe
und Wertschätzung zu leben, und nicht an einen, der nur
Illusionen und Täuschungen bietet.

Ich möchte Ihnen allen meinen tiefsten Dank aussprechen.
Danke, dass Sie diesen steinigen Weg mit mir gegangen sind.
Danke, dass Sie den Mut hatten, diese Reise anzutreten und
dass Sie die Kraft gefunden haben, sich selbst und Ihre Würde
zu bewahren. Lassen Sie uns weiterhin stark bleiben, einander
unterstützen und die Werkzeuge, die wir hier gemeinsam
erarbeitet haben, nutzen, um ein erfülltes und glückliches
Leben zu führen.

In tiefster Dankbarkeit und Solidarität,

Hariette

Bleiben wir stark und lassen uns nie wieder von einem
Narzissten blenden. Unsere Reise zur Freiheit und Selbstliebe
ist erst der Anfang eines wunderbaren neuen Kapitels in
unserem Leben.

Haftungsausschluss

Mein Ziel ist es, Dir sorgfältig recherchierte und präzise Informationen zur Verfügung zu stellen. Ich kombiniere dabei meine eigenen Erfahrungen mit einer umfassenden Analyse von Herstellerangaben, Kundenrezensionen sowie Bewertungen anderer Websites. Meine Artikel und Ratgeber werden nicht nur mit menschlicher Sorgfalt erstellt, sondern auch mithilfe von **Künstlicher Intelligenz (KI)** verfeinert, um die Qualität und Aussagekraft meiner Inhalte weiter zu erhöhen. Sowohl bei der Erstellung von Texten, als auch von Bildern.

Ich entschuldige mich für die wiederholten Formulierungen in meinem 4-teiligen Nachschlagewerk. Diese Wiederholungen sind mir bewusst, jedoch unvermeidbar, da sie notwendig sind, um die wiederkehrenden Mechanismen klar und nachvollziehbar darzustellen. Ich hoffe auf Ihr Verständnis, dass dies der Verständlichkeit und Tiefe der Erklärungen dient.

Trotz dieser sorgfältigen Arbeitsweise kann ich **keine Gewähr für die Vollständigkeit, Richtigkeit oder Aktualität** der bereitgestellten Informationen übernehmen. Entscheidungen und Handlungen, die auf Basis der hier vorgestellten Informationen getroffen werden, solltest Du zusätzlich durch professionellen Rat absichern lassen. Das kann jene ausgebildete Fachkraft auf dem jeweiligen Gebiet sein, etwa ein Therapeut oder Dein Hausarzt sein.

Bitte beachte, dass die Informationen aus diesem Beitrag
veraltet sein oder Fehler enthalten können, da sich Standards
und Forschungsergebnisse stetig weiterentwickeln.